9 798869 226228

ספר

דרך אמונה

בדרך תשובה שאלה על דרך הקבלה
קטן הכמות ורב האיכות

חברו חכם איש האלהים נורא מאוד הגאון המופלא

המקובל רבינו רבי

מאיר בן גבאי

זצוקלה"ה

SimchatChaim.com

ידוע כי אין בר בלי תבן, כך אין ספר בלי טעויות, ועוד יודע אני כי
דל ועני אני, **ואין עני אלא בדעה**. לכן מבקש אני בכל לשון של
בקשה אם יש לכל אחד שאלות, הערות, הארות, תיקונים, נא לשלוח
ל - simchatchaim@yahoo.com והשתדל לענות, ולתקן את
הצריך תיקון.

אין לעשות שימוש כל שהוא בחומר שבחלק זה לצורך מסחרי, אלא
רק ללמוד וללמד.
להשיג ספר זה או ספרים אחרים לאינפורמציה
simchatchaim@yahoo.com

ספר דרך אמונה

תוכן הספר

המקובל רבי מאיר בן גבאי

המקובל רבי מאיר בן יחזקאל אבן גבאי, מכונה ר' מאיר ן' גבאי חי בין השנים ה'ר"מ (1480) - ה'ש' (1540) לערך, היה מחשובי המקובלים בתקופת גירוש ספרד. מחבר ספרי קבלה חשובים, בהם **עבודת הקודש** דרך אמונה ותולעת יעקב. חי לפני תקופת האר"י זלה"ה. רבי מאיר גורש מספרד בשנת 1492והתגורר ככל הנראה בטורקיה, ונקבר בארץ ישראל, מעט ידוע על חייו, הוא כתב שלושה ספרים בהם הוא מתמודד עם בעיות בתורת הקבלה.

עבודת הקודש, ספרו העיקרי בו הוא פורס בצורה נפלאה והמלאה של תורת הקבלה. את דבריו בעניין זה חילק לארבעה נושאים עיקריים: אחדות ה', עבודת ה' המוטלת על האדם, מטרת קיומו של האדם ביקום, וביאור סתרי תורה במעשה בראשית.

יצירה חשובה זו חוברה על-ידו בין השנים 1523-1531, והיא מהווה ככל הנראה את הסיכום המקיף ביותר של תורת הקבלה שקדמה למקובלי צפת, והוא נחשב עד היום כאחד הספרים הפופולריים על הקבלה.

בספר זה מרבה הוא להתפלמס עם קודמיו בתורת הקבלה, ביניהם רבי עזריאל מגירונה ורבי שם טוב ביבאגו. נדפס לראשונה ב-1566–1568 בשם **מראות אלוקים**, דבר המתיישב יפה עם כך שאבן גבאי היה אחד התומכים המובילים בדעה כי הספירות הן מהות האלוהות.......**ספר זה עם שאר ספרי הרב הוא הבסיס לתורת החסידות של רבינו הבעל שם טוב הקדוש.**

הרב נשאל עשר שאלות, ועונה י"ב תשובות.

ספר דרך אמונה

רבי מאיר בן גבאי ז"ל

שאלה אל רום המעלות. רב פעולות. מעין התבונות. ושמעו הולך בכל המדינות. אקרא לשלום משפל מצבי. אל מול מעלת הדרת שפעת יפעת חכמת ובינת כבוד תורתו. אקוד ואשתחווה אל מול זוהר טוהר ואלחך עפר רגלי כבוד תורתו. ואכרע על ברכים וכפי פרושות השמים יגדיל ישגיא יגביה כסא כבוד תורתו לעד אמן:

שורות הבזויות באות להפיל תחנתי לפניך פנים מאירים ומזהירים כזוהר הרקיע להרימני ולהקימני מעניי ומדלותי להסיר אבן מכשול מלפני להשיבני אלו השאלות אף על פי שאיני ראוי והגון ויודע אפילו פסוק אחד, והיה לי לשתוק שאוויל מחריש חכם יחשב כל שכן וכל שכן לפצות פה ולדבר לפני טוהר הדרת מעלת כבוד תורתו:

אבל מה אעשה כי יקום אל לדין נשאת ונתת באמונה ולבי חרני, ויאמר לי מה לך נדהם נרדם - עדי מתי אתה **פושֵׁ"עַ** על שתי הסעיפים. אם תדבר אם תחשה הדבר קשה. אזור כגבר חלציך וקח קסת הסופר אשר במתניך ויכתבון ממליך אל מאור בני ישראל משכן השכינה נהרי נחלי החכמה ממנו נובעים וייתן עליך משמן משחת קדושתו עד תרגיע ותנוח נפשך ויפתחו לך שערי אורה והיית מוצק ולא תירא:

---

¹ על פי הפסוק במלכים-א יח כא - עד מתי אתם פסחים על שתי הסעפים.

שכר הוא למעלת הדרת טוהר כבוד תורתו ולכן ריש מלין אומר
ולא אאריך תורה היא וללמוד אני צריך:

א. על העולם איך יש לו מנהיג:

ב. באיזה הכרח יוכרח שיש ספירות כי יש לומר שאין שם רק אין
סוף בלבד:

ג. שאם יוכרח כי יש ספירות במה יוכרח שהם עשרה ושהוא כח
אחד:

ד. מניין שהספירות נאצלות ולא נבראות כשאר הנבראים:

ה. היאך נוכל לומר כי הוא אחד והמספר עשרה המתאחדים בו כי
בזה נשמור אמונת לבנו ולא מאמר פינו:

ו. אחר שיבורר בלי ספק כי יש עשר ספירות וגם שהם נאצלות
ולא נבראות המספר כח אחד:

אשאל למה נתן להם גבול ושיעור וגשמות

ז. הספירות האלה אימתי היו. אם ישיבני כבוד תורתו עתה מקרוב
לבריאת עולם אם כן יש להקשות מדוע אצילותם עתה ולא מאז
וכי יש חידוש דעת אצל השלם. ואם ישיבני כבוד תורתו שהם
קדומות בהקדמתו אם כן היו בהשוואתו ואם היו בהשוואה אחת
מה הפרש ביניהם. ועוד אם כן שהם קדומות איך שייך בהם דין
ורחמים הרי לא היה צריך לדין שעדיין לא באו הנבראים:

ח. מהו מהותם:

ט. מה שמם ומקומם רוצה לומר כוונת שמם:

י. ברור וגלוי שמאה ברכות הם כנגד מאה האדנים שהם כנגד עשר ספירות שכל אחת כלולה מעשר. הודיעני איך כל אחת כלולה מעשר, בהיות שכתר עליון היא רחמים גמורים ופשוטים, ואין בו תערובת דין. ועוד על זה הרי **מלכות** שנקראת - יבשה, וימה, וכל[2] הנחלים הולכים אל הים ואין לה אלא מה ששופכין בה, אם כן איך הם מאה:

למען הוי"ה אלהי ישראל שדי מלך עולם די אשרי שכינתיה בכבוד תורתו שאל תביט לפשעי. ובזכות זה יגדל שמך וכסא כבוד תורתו מעל כל החכמים והשרים. כי תאיר נרי וראה יציר כפיך ורחמני באותיות הקדש אותיותיך מעשה גלילי אצבעות כ"ח. וזכור לי זכות אבות והם יעלו לזיכרון לפני אדוני וגאוני מאור שמשי ועטרת ראשי:

תלמיד מתלמידיך תלמיד הצעיר קטון ובזוי עם חרפת איש מתפקד בשלומך - יוסף הלוי:

ספר דרך אמונה

תשובה לראשונה. דע כי האדם הנבנה בדמיון בנין כל העולמות, והנפש שבו המקיימת אותו הזמן הגזור עליו, כלולה ומשוכללת מן ההויו"ת העליונות. ובעוד הנפש בו הנה הוא דוגמת העולם הגדול, וזה נקרא האדם - עולם[1] קטן. וממנו תילקח הראיה על העולם הגדול אשר נבנה בדמותו בצלמו. וכמו שאי אפשר לעולם הקטן הזה שיחיה ויתקיים **מבלתי מנהיג** שהוא הנפש כך אי אפשר לעולם הגדול שיתקיים מבלתי מנהיג, והמנהיג ההוא הוא נשמת העולם וצורתו המקיימו. ואלו ח"ו ישוער העדר זה המנהיג יעדר העולם בכללו. והנפש תצטרך לבא כלולה מהעליונים לקיים ולהנהיג הגוף, ולולא זה לא תוכל לקיימו ולהנהיגו. וממנה תילקח הראיה הנכונה האמיתית על שיש מנהיג לעולם בכללו:

ולהעיר על מה שכתבתי תמצא לרז"ל פעמים יביאו ראיה על הנפש מהקדוש ברוך הוא ופעמים יביאו ראיה עליו מהנפש. ואמנם הראיה ממנו על הנפש אמרם בתלמוד - הני[2] חמשה ברכי נפשי כנגד מי אמרן דוד לא אמרן אלא כנגד הקדוש ברוך הוא וכנגד נשמה. מה הקדוש ברוך הוא מלא כל העולם אף הנשמה מלאה כל הגוף. מה הקדוש ברוך הוא רואה ואינו נראה אף נשמה רואה ואינה נראית. מה הקדוש ברוך הוא זן את כל העולם אף נשמה זנה את כל הגוף. מה הקדוש ברוך הוא טהור אף נשמה טהורה. מה הקדוש ברוך יושב בחדרי חדרים אף נשמה יושבת בחדרי חדרים, יבא מי שיש בו חמשה דברים הללו וישבח למי שיש בו חמשה

---

1 תנחומא פקודי ג
2 ברכות י, א

דברים הללו, עד כאן:

והכוונה להם ע"ה בכלל לקיים לנו מציאות הנפש אשר היא אצילות נאצל מהאצילות סוד האלהות וכמו שכתבתי בחיבורי הגדול בחלק[3] היִיחוד. ולהורות על מקומה באה חתומה בחותמו ורשומה וכלולה במידותיו, והם חמשה דברים הללו אשר בהם תוכל להנהיג ולקיים הגוף, ותכלית זוֹוּגם והתאחדם שהוא בריאתם לא היה כי אם לשבח ליוצרם אשר בו חמשה דברים הללו, ולזה השפיעם בהם וכללם מהם:

ואחר שלוקחה הראיה על הנפש מהקדוש ברוך הוא וקוים לנו מציאותה ושנשתלחה אל הגוף להנהיגו ולקיימו ובה הוא נקרא עולם קטן, הנה יש לנו עוד ראיה ממנה על הקדוש ברוך הוא היותו נמצא ומנהיג העולם, והוא אמרם במדרש - ברכי[4] נפשי את הוי"ה. למה מקלס דוד להקדוש ברוך הוא בנפש, אמר מה הנפש ממלאה את הגוף כך הקדוש ברוך הוא ממלא את העולם. ומה הנפש סובלת את הגוף כך הקדוש ברוך הוא סובל את העולם. ומה הנפש יחידה בגוף כך הקדוש ברוך הוא יחיד בעולמו. ומה הנפש אינה אוכלת ואינה שותה כך הקדוש ברוך הוא אינו אוכל ואינו שותה. ומה הנפש טהורה כך הקדוש ברוך הוא טהור שהוא למעלה מעולמו. ומה הנפש רואה ואינה נראית כך הקדוש ברוך הוא רואה ואינו נראה. אמר דוד תבוא הנפש שיש בה כל המידות הללו ותהלל להקדוש ברוך הוא שיש בו כל המידות הללו, עד כאן:

הנה יש לנו ראיה ניצחת מהעולם הקטן שאי אפשר לו להתקיים בלא מנהיג, אל העולם הגדול שאי אפשר לו להתקיים בלא מנהיג.

---

[3] עבודת הקודש חלק א' פרק י"ז
[4] מדרש תהלים קג

ורז"ל הורנו בזה המידות אשר יצטרכו למנהיג השלם להיות ממולא בהם ואין שום נמצא בעולם שיוכל להתפאר בהם אם כן אינו ראוי להיות מנהיג באמת. ואמנם הקדוש ברוך הוא לו נאה להנהיג ולא לזולתו כי לו ובו כל מיני השלמות, ואם כן הוא המנהיג האמיתי השלם. ואמנם המידות הצריכות למנהיג שאינן כי אם במנהיג השלם יתברך ולא בזולתו הם ששה:

האחד - אמרם מה הנפש ממלאה את הגוף כך הקדוש ברוך הוא ממלא את העולם. והכוונה כי כל מנהיג שאין הנהגתו כוללת ומתפשטת לכל מנוהגיו אין ראוי להיקרא מנהיג. ואמנם אין נמצא בעולם שממלא העולם כלומר שהנהגתו מתפשטת וממלאה כל העולם כי אם הוא יתברך וכעניין - את[5] השמים ואת הארץ אני מלא. וכתיב - מלא[6] כל הארץ כבודו. אם כן הוא המנהיג האמיתי ולו תאות ההנהגה לכל העולמות ולא לזולתו:

השני - כל מנהיג שאין לו יכולת וחכמה בלתי בעל תכלית, להנהיג מונהגיו כפי חילופיהם ובפי נסתריהם אינו מנהיג אמיתי, כי אין בו חכמה ויכולת לסבול ולשאת מונהגיו לרוב חלופי הנהגותיהם ומצבי ענייניהם ומקומותיהם ושנוי טבעיים, ולזה יקוץ במונהגיו והם בו. אמנם היכול והחכם האמיתי הבלתי בעל תכלית יש בו די לסבול ולשאת מונהגיו ולהנהיגם הנהגה הישרה הקיימת עם כל חלופי הנהגותיהם ותמורת מצבם ועניניהם ושנוי טבעים וריבוי אב ונשותיהם ונסתריהם. והאדון אשר אלה לו, לו נאוה ההנהגה ולו ראוי להתפאר, שאין מנהיג אמיתי אלא הוא לבדו יתברך, והוא אמרם - ומה הנפש סובלת את הגוף כך הקדוש ברוך הוא סובל את

---

[5] ירמיהו כג, כד
[6] ישעיהו ו, ג

העולם. וכן הוא אומר - אם[7] יסתר איש במסתרים ואני לא אראנו נאם הוי"ה הלוא את השמים ואת הארץ אני מלא נאם הוי"ה. וכתיב - אני[8] הוי"ה חקר לב בחן כליות ולתת לאיש כדרכו כפרי מעלליו. ומי שהוא יכול וחכם בלתי בעלי תכלית על הנסתר, כל שכן על הנגלה:

השלישי - כל מנהיג ישתנה בהשתנות דעותיו והנהגותיו לשנוי מונהגיו. ובהנהגה זו נשתנה ממה שהיה בהנהגה הראשונה, ואין ראוי להיקרא מנהיג אחר שאינו מתאחד בהנהגותיו, כי כפי שנוי מונהגיו והנהגותיהם ישתנה מרצון אל רצון ומדעת אל דעת. אמנם המנהיג האמיתי יתברך לא ישתנה כלל עם כל שנוי מונהגיו וחלופי הנהגותיהם ולא יומר מרצון אל רצון ומדעת אל דעת, אבל תמיד יקרא אחד מיוחד יחיד בכחו ואחדותו קודם ההנהגה כמו בשעת ההנהגה ואחריה, והוא אמרם - ומה הנפש יחידה בגוף כך הקדוש ברוך הוא יחיד בעולמו. ועוד ירמזו בזה לומר כי מנהיג בשר ודם יצטרך ליועצים ולעוזרים בהנהגותיו ואם כן המנהיגים הם רבים כי אין די באחד להנהיג. אמרו כי המנהיג האמיתי יתברך אינו צריך לזולתו וכעניין - את[9] מי נועץ ויבינהו וילמידהו בארח משפט וילמידהו דעת ודרך תבונות יודיענו. וכנגד העזר - ואביט[10] ואין עזר ואשתומם ואין סומך ותושע לי זרעי וחמתי היא סמכתני. ואם כן די באחדותו לכל מיני ההנהגה מבלתי עצה ועזר משום נמצא זולתו:

הרביעי - כי כל מנהיג תכליתו וכוונתו בהנהגותיו התועלת

---

[7] ירמיהו כג, כד

[8] ירמיהו יז, י

[9] ישעיהו מ, יד

[10] ישעיהו סג, ה

והכבוד, כי חסרונם דבק בו והם ישלימוהו כי הוא צריך אליהם ובלתם לא יתקיים, ואין זה מנהיג על דרך האמת. אמנם המנהיג האמיתי יתברך אינו כן כי כי אין אצלו חיסרון כל כי הוא השלמות בעצמו. אבל כל מונהגיו צריכים לו ומצפים לברכתו ועיניהם נשואות לידו המלאה והרחבה. ואם כן נאוה תהילת ההנהגה, והוא אמרם ומה הנפש אינה אוכלת ואינה שותה כך הקדוש ברוך הוא אינו אוכל ואינו שותה. ואמנם הזכירו אכילה ושתיה יותר משאר ההנאות להעיר אותנו על עניין נעלה ומועיל ומצטרך מאד לדעתו, והוא כי אם האמת שאין הנפש אוכלת ושותה אמנם על ידי מאכל ושתיית הגוף יתמיד חיבורם ויתקיימו שניהם הזמן הגזור לעבוד את בוראם, והרי קיומם וחבור מציאותם תלוי באכילה ושתיה, כך על ידי העבודה והתפלה יתמיד דבוק הקדוש ברוך הוא ואהבתו עם האומה הנבחרת ולא תגעל נפשו אותנו. ודי בזה, בזה המקום כי אינו מהעניין אבל ראיתי להבליע רמז זה בכאן להלהיבך ולהעיר את לבבך:

החמישי - הודיעונו כי המנהיג האמיתי יתברך לא יתפעל ממונהגיו עם הנהגתו להם ולא יתגאל חלילה במעשיהם, כי אין לו עמהם שום ערוב ויתעלה ממחשבותיהם ופעולותיהם כמו שכן יקרה למנהיג בשר ודם, והוא אמרם - ומה הנפש טהורה כך הקדוש ברוך הוא טהור. ולפי שאולי בדמיון זה יחשב חלילה שכמו שהנפש יגבילה הגוף וגם תתגאל ותתפעל באמצעות הגוף, וזה טעם - ולא[11] תטמאו את נפשותיכם. והנפש[12] הנוגעת תטמא. הנה כי הנפש מקבלת טומאה כשהגוף טמא, לזה הבדילו ביניהם ואמרו שהוא למעלה מעולמו לא יגבילהו שום דבר ולא שום מציאות, כי הוא בתכלית הטהרה והנקיות מכל גשם והוא נבדל וקדוש מכל מחשבה

---

[11] ויקרא יא, מד

[12] במדבר יט, כב

ורעיון ומפעל חומר, ואם כן אין כמוהו ואין דומה לו מנהיג עליון ותחתון. עוד הורו באמרם כי הוא למעלה מעולמו ר"ל עולמו בייחוד הכוונה על העולם הנעלם שהוא עולמו של הקדוש ברוך הוא. ויראו לפרש כי המנהיג הזה יתברך אין לו סוף ותכלה והוא נעלה ונעלם מכל, כי הוא נמצא בתוך העולם ההוא והוא למעלה ממנו וחוצה לו והוא מקיפו ומגבילו מכל צד ואין לו מקיף ומגביל, והוא עלה וסבה לשמו שהוא העולם ההוא. ולפי שבשמו היה כל הווה ונברא הכל כעניין - כל[13] הנקרא בשמי ולכבודי בראתיו יצרתיו אף עשיתיו. הוזהרנו עליו באמרו - פן[14] יש בכם איש או אשה או משפחה או שבט אשר לבבו פנה היום מעם הוי"ה אלהינו ללכת לעבד את אלהי הגוים ההם פן יש בכם שורש פרה ראש ולענה. כלומר שלא יאמין בשם הזה ובמידותיו הנכללים בו, אבל יאמין באין סוף וממנו ימשיך כח לעצמו שלא מכח השם המיוחד הזה. והנה יצא מן הכלל ההוא וכפר בעיקר, הוא השם הנכבד והנורא, ומידה כנגד מידה נאמר בו - לא[15] יאבה יהוה סלח לו כי אז יעשן אף הוי"ה וקנאתו באיש ההוא ורבצה בו כל האלה הכתובה בספר הזה ומחה הוי"ה את שמו מתחת השמים. כי הוא מכחיש פמליא של מעלה הוא עולמו אשר רמזו עליה בדבריהם אלו:

השישי אמרם ומה הנפש רואה ואינה נראת כך הקדוש ברוך הוא רואה ואינו נראה. אמרו זה להוציא מסברת המינים האומרים כי כל דבר שאינו נראה לחוש אין ראוי להאמין בו:

ולהכחיש דעתם זה המזויף העמידונו על קרן אורה ורצו לבאר לנו

---

[13] ישעיהו מג, ז
[14] דברים כט, יז
[15] דברים כט, יט

באמרם רואה ואינו נראה הפך דעתם כי כל נראה ונתפס בהרהור הלב אין ראוי להאמין בו כי כי הוא מוגבל. ואם כן מי שאינו מוגבל קרוי אין סוף אשר הוא בהשוואה גמורה באחדות שלימה שאין בו שנוי, ואם הוא מבלי גבול הנה אין חוץ ממנו והוא מתעלה ומתעלם מכל, ולזה הוא עיקר כל נסתר ונגלה והוא שורש האמונה ושורש המרי. ועל המאמין נאמר - וצדיק[16] באמונתו יחיה. כי זה עיקר האמונה - והאמונה[17] תחיה בעליה:

---

[16] חבקוק ב, ד
[17] קהלת ז, יב הפסוק הוא - כי בצל החכמה בצל הכסף ויתרון דעת **החכמה תחיה בעליה.**

ספר דרך אמונה

ועל מה ששאלתי באיזה הכרח יוכרח שיש בו ספירות וכו', עם שכבר הכרחתי זה והוכחתיו הוכחה אמיתית בחיבורי הגדול בחלק הראשון אשר קראתי חלק הייחוד, עוד ראיתי לבאר פה באר היטב להרים מכשול מדרך השרידים יחידי סגולה, אשר הוי"ה קורא:

דע כי אילו לא היה אצילות הספירות מאין סוף אי אפשר להיברא שום נברא עליון ותחתון, כי לא תצויר בריאתם אם לא באמצעות הספירות, כי אין סוף אין לומר בו לא רצון ולא חפץ ולא כוונה ולא מחשבה ולא דבר שיראה ממנו שהוא מוגבל אף על פי שאין חוץ ממנו, ואי אפשר לעולם שיהיה נברא תחילה מאין סוף אם לא באמצעות אצילות עשר ספירות כמו שאוכיח זה בראיות:

והאצילות היה מוכרח להיות כן, כלומר שיהיה בו אצילות ימין ושמאל ואמצעי לתיקון הנבראים כפי חילופיהם. ועוד כי בזולת נבראים לא היה ניכר כבוד האין סוף וייחודו ואלהותו. ולפי שכל זה היה מוכרח להגלות ולהודיע חיוב בהכרח אצילות הספירות מאין סוף להמציא נמצאים באמצעותם כדי שיגלה ויראה כבודו וייחודו ואלהותו על נבראו.

ולזה הוצרכו עשרה מאמרות במעשה בראשית כנגד עשר ספירות שבזה המספר נכללו כל הבדלי הנבראים, פי מה שעלה במחשבה

---

¹ עבודת הקודש, חלק א' פ"ח

הטהורה בשלמות הבריאה. ושנינו - בעשרה[2] מאמרות נברא העולם. ובדרך משא ומתן השיבו על שאלה זו וגלו סוד הכרח וחיוב אצילות הספירות אשר בלתי אצילותם לא תצויר בריאה משום נברא, והוא אמרם, והלא במאמר אחד יכול להיבראות אלא להיפרע מן הרשעים שהן מאבדין את העולם שנברא בעשרה מאמרות וליתן שכר טוב לצדיקים שהן מקיימין את העולם שנברא בעשרה מאמרות:

וסוד הענין כי במאמר אחד היה יכול להיבראות אלא שהיו הנבראים על תכונה אחת. והמשל בזה כי אם היה נאצל מאין סוף כח אחד ומידה אחת לבד, הנה חויב כי מן הפשוט לא יצא כי אם פשוט בתכלית הפשיטות והיה צריך לברא הנבראים באמצעותו ויחויב שיהיו הנבראים כפי אותה מידה ויהיו כולם פשוטים, וזהו במאמר אחד פשוט יכול להיבראות ולא היה בזה הכרה בכבוד האין סוף:

שהרי נבראו המלאכים פשוטים ואין השלמות וכבוד האין סוף ניכר בהם בשלמות, כי אין כבודו נראה ונגלה כי אם על נבראים מחומר כלולים מכל הצדדים והדרכים. והוא אמרם להשיב על השאלה - אלא להיפרע מן הרשעים שהן מאבדין את העולם שנברא בעשרה מאמרות וליתן שכר טוב לצדיקים שהן מקיימין את העולם שנברא בעשרה מאמרות:

כלומר ראתה החכמה להמציא נמצאים כלולים משני דברים טוב ורע, כי באמצעות זה יגלה ויראה כבודו ואלהותו, וזה לא יתכן להיות בריאה זו כלולה משני הדרכים האלה, אם לא יהיה להם שורש למעלה משני הדרכים האלה. ולהיות זה מוכרח חויב שיאצל

---

[2] פרקי אבות ה, א

אצילות נורא וקדוש יהיה בו שורש אלה ההבדלים וחלופי הדרכים לתיקון הנבראים לשלמות הבריאה כפי מה שעלה במחשבה הטהורה:

וכל שכן שהיה צריך לתת מקום לתורה ולמצות ולעבודות כגון התפילות והקורבנות. והמתבונן בכל זה היטב יתבאר לו בלי שום ספק שאין מקום לכל זה בלתי אצילות הספירות. ולזה הוצרכו עשרה מאמרות בבריאת העולם ועשרת דיברות לתורה כי אין שלמות בפחות מעשרה, ולפיכך היה האצילות בזה המספר אשר זה גם כן יעיד על ייחוד האין סוף וכמו שיתבאר עוד בס"ד:

והנה זה מופת ראיה על הכרח אצילות הספירות. ואחר הקדמה זו הכללית אשר ממנה תעמוד על קרן האורה נבוא אל הפרטים. ותחילה אעירך על מה שהתעוררו חכמי האמת בשאלה זו בפי מה שקבלו איש מפי איש. מצינו לרב המקובל רבי עזריאל תשובת שאלה זו שקבל מפי הרב הגדול המקובל החסיד רבי יצחק סגי נהור ז"ל בן הראב"ד ז"ל, שהיה שלישי לאליהו זכור לטוב, וזה לשונו - הוסיף השואל לשאול באי זה הכרח תכריח שיש שם עשר ספירות, כי רצוני לומר שאין שם רק **אין סוף** בלבד:

תשובה **אין סוף** הוא שלמות מבלי חיסרון, ואם תאמר שיש לו כח בלי גבול ואין לו כח בגבול אתה מחסר שלמותו, ואם תאמר שהגבול הנמצא ממנו תחילה, היה העולם הזה שהוא חסר מהשלמתו חסרת הכח שהוא ממנו, ולפי שאין לחסר שלמותו יש לנו לומר בהכרח שהוא בגבול מבלי גבול, והגבול הנמצא ממנו תחילה הם הספירות, **שהם כח השלם וכח החסר**, כשהם מקבלים מהשפע הבא משלמותו הם כח שלם:

ובהימנע השפע מהם יש בהם כח חסר. ולכך יש להם כח לפעול בהשלמה ובחיסרון, והשלמות והחיסרון הם הדברים המבדילים בין דבר לדבר. ואם תאמר כי הוא בלבד כוון בבריאת עולמו מבלי הספירות, יש להשיב כי הכוונה מורה על חיסרון המכוין. ואם תאמר שלא כוון בבריאתו, אם כן היתה הבריאה במקרה וכל דבר הבא במקרה אין לו סדר, ואנו רואים כי הנבראים יש להם סדר ועל סדר הם מתקיימים ועל סדר הם מתחדשים ועל סדר מתבטלים:

הסדר הזה שהם מתקיימים ומתבטלים בו הוא הנקרא ספירות שהם כח לכל מצוי הנגדר בגדר מספר. ולפי שהיה מציאות הנבראים באמצעות הספירות הם משתנים זה מזה, ויש בהם רם ושפל ובינוני, ואף על פי שכולם מעיקר אחד והכל מאין סוף, **שאין חוץ ממנו**. וחכמי המחקר קראו כח הראשון שכל הפועל ושאר הדברים כחות משכילות ואמרו שהם עשרה, ומדרך המנהג אין מצוי שאינו נגדר במספר ואין מספר למעט מעשר. עד כאן דבריו. ובכלל דברי דבריו:

ספר דרך אמונה

ועל מה ששאלת באיזה דרך תכריח שיש שם ספירות. דע כי אין סוף אין לומר בו לא רצון ולא חפץ ולא כוונה ולא מחשבה ולא דבור ולא מעשה אף על פי שאין חוץ ממנו:

ואין לומר בו שום דבר שיראה ממנו שהוא מוגבל, כי כל מוגבל משתנה, ואין אצלו לא שינוי ולא חידוש ולא חילוף, ואנו רואים מתוך הכתוב שהוא אוחז דרך גבול, ויעל וירד ויבא וילך וידבר ויאמר וכל כיוצא בזה. ואם תאמר כל זה נאמר להשגת השכל, כבר ידעת כי השכל, יש לו גבול אם כן כל הדברים הנמצאים בכתוב נאמרים על הגבול, אף על פי שהגבול מבלי גבול, והגבול הזה הם הספירות וכל סדרי בראשית, וסדרי המצות שהם על סדר הספירות מעידות על זה, וכמו שמבואר סדרי הקורבנות, שכתוב בהן - את[1] קרבני לחמי לאשי ריח ניחחי תשמרו להקריב לי במועדו:

זה יעיד שיש רחוק שהוא מתקרב מדבר לדבר עד שהוא מגיע לכח העליון, וכל זה לא יתכן בלתי ספירות וסידורן במורגש במוטבע במושכל, כי לשון עליה וירידה שהיא מדרך הטבע והריח תריח שכתוב בו - וירח[2] הוי"ה את ריח הניחח. שהוא מדרך ההרגשה והשגת החכמה שכתוב - מי[3] כהחכם ומי יודע פשר דבר חכמת אדם תאיר פניו ועז פניו ישנא. שהוא מדרך השכל כל אלה יש להם

---

[1] במדבר כח, ב
[2] בראשית ה, כא
[3] קהלת ח, א

גבול, ומה שאין לו גבול אין להגבילו ולהמשילו בכל אלה:

וסדר הספירות שהוא גבול מבלי גבול נקרא מדרש - **סדר**[4] **זמנים.** כמו שאמרו - ויהי[5] ויהי ערב ויהי בקר יום אחד. מכאן שהיה סדר זמנים, קודם לכן והם נקראים **סדר בראשית**, עד כאן דבריו:

ואחר שעוררתיך על הדברים האלה, דברי אלהים חיים, עוד ראיתי לעוררך על קבלת המלאך הדובר אבי החכמה, אשר האיר העולם בספרו הקדוש הוא המאור הקדוש רבי שמעון בן יוחאי ע"ה, ומדבריו תעמוד על קרן האורה בהכרח אצילות הספירות:

ותחילה אודיעך מה שבא בזה בספר רעיא מהימנא כתוב שם בזה הלשון[a] - דאפילו[6] האי תמונה לית ליה באתריה אלא כד נחית לאמלכא על בריין דיתפשט עליהו יתחזי לון לכל חד כפום מראה וחזיון ודמיון דילהון והאי אידו - וביד[7] הנביאים אדמה. ובגין דא אידו יימא אף על גב דאנא אדמה לכו בדיוקניכו - אל[8] מי תדמיוני ואשווה. דהא קודם דברא דיוקנא וצייר ציורא הוה איהו יחידי בלא צורה ודמיון, ומאן דאשתמודעאן קודם בריאה דאיהו לבר מדיוקנא אסיר למעבד ליה צורה ודיוקנא בעלמא לא באת **י'** ולא באת **ה'** ואפילו בשמא מפרש ולא בשום אות ונקודה בעלמא, והאי אידו כי לא[9] - ראיתם כל תמונה. מכל אבר דאית ביה תמונה ודמיון. אבל בתר דעביד האי דיוקנא דמרכבה דאדם דעילאה נחית תמן ואתקרי בההוא דיוקנא הוי"ה, כדי דאשתמודעון ליה במידות דיליה קרא -

---

[4] בראשית רבה ג, ז
[5] בראשית א, ה
[6] זוהר חלק ב מב, ב
[7] יהושע יב, יא
[8] ישעיהו מ, כה
[9] דברים ד, טו

א"ל, אלהי"ם, שד"י, צבאו"ת, ואהי"ה, כדי דישתמודעון ליה בכל מידה ומידה איך אתנהיג עלמא בחסד בדינא כפום עובדי בני נשא דאם לא אתפשט נהוריה על כל בריין איך אתשמודעון ליה ואיך יתקיים - מלא[10] כל הארץ כבודו. ויי למאן דישווה ליה לשום מידה אפילו מאינון מידות דיליה כל שכן לבני אדם אשר בעפר יסודם דכלים ונפסדים. אלא דמיונא דיליה כפום שולטנותיה על ההיא מידה. עד כאן:

וַאֲפִילוּ[11] הַאי תְּמוּנָה, לֵית לֵיהּ בְּאַתְרֵיהּ, אֶלָּא כַּד נָחִית לְאַמְלְכָא עַל בְּרִיָּין, וְיִתְפַּשֵּׁט עֲלַיְיהוּ, יִתְחֲזֵי לוֹן לְכָל חַד, כְּפוּם מַרְאֶה וְחֶזְיוֹן וְדִמְיוֹן דִּלְהוֹן, וְהַאי אִיהוּ - וּבְיַד הַנְּבִיאִים אֲדַמֶּה.

לְשׁוֹן הַזֹּהַר עִם תַּרְגּוּם - וַאֲפִלוּ תְּמוּנָה זוֹ אֵין לוֹ בִּמְקוֹמוֹ, אֶלָּא כְּשֶׁיּוֹרֵד לִמְלֹךְ עַל הַבְּרִיּוֹת וּמִתְפַּשֵּׁט עֲלֵיהֶם, יֵרָאֶה לָהֶם לְכָל אֶחָד כְּפִי מַרְאֶה וְחֶזְיוֹן וְדִמְיוֹן שֶׁלָּהֶם, וְזֶהוּ וּבְיַד הַנְּבִיאִים אֲדַמֶּה.

וּבְגִין דָּא יֵימָא אִיהוּ, אַף עַל גַּב דַּאֲנָא אֲדַמֶּה לְכוּ בְּדִיּוֹקְנַיְיכוּ, אֶל מִי תְּדַמְיוּנִי וְאֶשְׁוֶה, דְּהָא קֹדֶם דְּבָרָא קוּדְשָׁא בְּרִיךְ הוּא דִּיּוֹקְנָא בְּעָלְמָא, וְצִיֵּיר צוּרָה, הֲוָה הוּא יְחִידָאי בְּלָא צוּרָה וְדִמְיוֹן, וּמַאן דְּאִשְׁתְּמוֹדַע לֵיהּ, קֹדֶם בְּרִיאָה, דְּאִיהוּ לְבַר מִדִּיוֹקְנָא, אָסוּר לְמֶעֱבַּד לֵיהּ צוּרָה וְדִיּוֹקְנָא בְּעָלְמָא, לֹא בְּאוֹת ה', וְלֹא בְּאוֹת י' וַאֲפִילוּ בִּשְׁמָא קַדִּישָׁא, וְלֹא בְּשׁוּם אוֹת וּנְקוּדָה בְּעָלְמָא, וְהַאי אִיהוּ כִּי לֹא רְאִיתֶם כָּל תְּמוּנָה, מִכָּל דָּבָר דְּאִית בֵּיהּ תְּמוּנָה וְדִמְיוֹן לֹא רְאִיתֶם.

וְלָכֵן הוּא יֹאמַר, אַף עַל פִּי שֶׁאֲנִי אֲדַמֶּה לָכֶם בְּדִיּוֹקַנְכֶם, אֶל מִי תְדַמְיוּנִי וְאֶשְׁוֶה. שֶׁהֲרֵי קֹדֶם שֶׁבָּרָא הַקָּדוֹשׁ בָּרוּךְ הוּא דִּיּוֹקָן בָּעוֹלָם וְצִיֵּר צוּרָה, הָיָה הוּא יְחִידִי בְּלִי צוּרָה וְדִמְיוֹן, וּמִי שֶׁנּוֹדַע לוֹ קֹדֶם בְּרִיאָה שֶׁהוּא מָחוּץ לַדִּיּוֹקָן, אָסוּר

לַעֲשׂוֹת לוֹ צוּרָה וּדְמוּת אוֹ דְיוֹקָן בָּעוֹלָם, לֹא בְּאוֹת **ה'** וְלֹא בְּאוֹת **י'**, וַאֲפִלּוּ בַּשֵּׁם הַקָּדוֹשׁ, וְלֹא בְּשׁוּם אוֹת וּנְקֻדָּה בָּעוֹלָם, וְזֶהוּ כִּי לֹא רְאִיתֶם כָּל תְּמוּנָה, מִכָּל דָּבָר שֶׁיֵּשׁ בּוֹ תְּמוּנָה וְדִמְיוֹן לֹא רְאִיתֶם.

אֲבָל בָּתַר דְּעָבֵד הַאי דְיוּקְנָא דְּמֶרְכָּבָה דְּאָדָם עִלָּאָה, נָחִית תַּמָּן, וְאִתְקְרֵי בְּהַהוּא דִּיוּקְנָא **יְהֹו"ה**, בְּגִין דְּיִשְׁתְּמוֹדְעוּן לֵיהּ בְּמִדּוֹת דִּילֵיהּ, בְּכָל מִדָּה וּמִדָּה, וְקָרָא: **א"ל, אֱלֹהִי"ם, שַׁדַּ"י, צְבָאו"ת, אֲהִ"ה**. בְּגִין דְּיִשְׁתְּמוֹדְעוּן לֵיהּ, בְּכָל מִדָּה וּמִדָּה, אֵיךְ יִתְנַהֵג עָלְמָא, בְּחֶסֶד וּבְדִינָא, כְּפוּם עוֹבָדֵיהוֹן דִּבְנֵי נָשָׁא, דְּאִי לָא יִתְפַּשֵּׁט נְהוֹרֵיהּ עַל כָּל בִּרְיָן, אֵיךְ יִשְׁתְּמוֹדְעוּן לֵיהּ, וְאֵיךְ יִתְקַיֵּם - מְלֹא כָל הָאָרֶץ כְּבוֹדוֹ.

אֲבָל אַחַר שֶׁעָשָׂה דִּיוֹקָן זֶה שֶׁל הַמֶּרְכָּבָה שֶׁל אָדָם עֶלְיוֹן, יָרַד לְשָׁם, וְנִקְרָא בְּאוֹתוֹ דִּיוֹקָן **יְהֹו"ה**, כְּדֵי שֶׁיֵּדְעוּ אוֹתוֹ בַּמִּדּוֹת שֶׁלּוֹ בְּכָל מִדָּה וּמִדָּה, וְקָרָא: א"ל, **אֱלֹהִי"ם, שַׁדַּ"י, צְבָאו"ת, אֲהִ"ה**. כְּדֵי שֶׁיֵּדְעוּ אוֹתוֹ בְּכָל מִדָּה וּמִדָּה אֵיךְ יִתְנַהֵג הָעוֹלָם, בְּחֶסֶד וּבְדִין, כְּפִי מַעֲשֵׂי בְּנֵי הָאָדָם, שֶׁאִם לֹא יִתְפַּשֵּׁט אוֹרוֹ עַל כָּל הַבְּרִיּוֹת, אֵיךְ יֵדְעוּ אוֹתוֹ וְאֵיךְ יִתְקַיֵּם - מְלֹא כָל הָאָרֶץ כְּבוֹדוֹ.

וַוי לֵיהּ, מַאן דְּיַשְׁוֶה לֵיהּ, לְשׁוּם מִדָּה, וַאֲפִלּוּ מֵאִלֵּין מִדּוֹת דִּילֵיהּ, כָּל שֶׁכֵּן לִבְנֵי הָאָדָם - אֲשֶׁר בֶּעָפָר יְסוֹדָם, דְּכָלִים וְנִפְסָדִים. אֶלָּא דְּמִיוֹנָא דִּילֵיהּ, כְּפוּם שָׁלְטָנוּתֵיהּ עַל הַהִיא מִדָּה, וַאֲפִלּוּ עַל כָּל בִּרְיָן. וּלְעֵילָא מֵהַהִיא מִדָּה. וְכַד אִסְתְּלִיק מִינָהּ, לֵית לֵיהּ מִדָּה, וְלֹא דִמְיוֹן, וְלֹא צוּרָה.

אוֹי לְמִי שֶׁיְּשַׁוֶּה אוֹתוֹ לְשׁוּם מִדָּה, וַאֲפִלּוּ מֵעֶשֶׂר הַמִּדּוֹת הַלָּלוּ שֶׁלּוֹ, כָּל שֶׁכֵּן לִבְנֵי הָאָדָם - אֲשֶׁר בֶּעָפָר יְסוֹדָם, שֶׁכָּלִים וְנִפְסָדִים. אֶלָּא הַדִּמְיוֹן שֶׁלּוֹ כְּפִי שִׁלְטוֹנוֹ עַל אוֹתָהּ הַמִּדָּה, וַאֲפִלּוּ עַל כָּל הַבְּרִיּוֹת, וּלְמַעְלָה מֵאוֹתָהּ מִדָּה. וּכְשֶׁמִּסְתַּלֵּק מִמֶּנָּה, אֵין לוֹ מִדָּה וְלֹא דִמְיוֹן וְלֹא צוּרָה.

כְּגַוְונָא דְיַמָּא, דְלֵית בְּמַיָּא דְיַמָּא דְנַפְקֵי מִינֵיהּ, תְּפִיסוּ כְּלָל וְלֹא צוּרָה, אֶלָּא דְאִתְפַּשְׁטוּתָא דְמַיָּא דְיַמָּא עַל מָאנָא, דְאִיהוּ אַרְעָא, אִתְעֲבִיד דִּמְיוֹן, וְיָכִילְנָא לְמֶעְבַּד חוּשְׁבַּן תַּמָּן, כְּגוֹן הַמָּקוֹר דְיַמָּא הָא חַד. נָפִיק מִינֵיהּ מַעְיָן, כְּפוּם אִתְפַּשְׁטוּתָא דִילֵיהּ מֵהַהוּא מָאנָא, כְּעִגּוּלָא דְאִיהִי י', הָא מָקוֹר חַד, וּמַעְיָן דְנָפִיק מִנֵּיהּ הָא תְּרֵין.

כְּמוֹ שֶׁהַיָּם, שֶׁאֵין בַּמַּיִם שֶׁל הַיָּם שֶׁיּוֹצְאִים מִמֶּנּוּ תְּפִיסָה כְּלָל וְלֹא צוּרָה, אֶלָּא שֶׁהִתְפַּשְׁטוּת שֶׁל הַמַּיִם שֶׁל הַיָּם עַל כְּלִי שֶׁהוּא אֶרֶץ, נַעֲשָׂה דִמְיוֹן, וְיָכְלְנוּ לַעֲשׂוֹת חֶשְׁבּוֹן שָׁם, כְּמוֹ הַמָּקוֹר שֶׁל הַיָּם – הֲרֵי אֶחָד. יוֹצֵא מִמֶּנּוּ מַעְיָן כְּפִי הִתְפַּשְׁטוּתוֹ בְּאוֹתוֹ הַכְּלִי, כְּמוֹ עִגּוּל שֶׁהוּא י' – הֲרֵי מָקוֹר אֶחָד, וּמַעְיָן שֶׁיּוֹצֵא מִמֶּנּוּ – הֲרֵי שְׁנַיִם.

וַהֲרֵינִי מֵאִיר עֵינֶיךָ בְּפֵירוּשׁוֹ, כִּי בְּאָמְרוֹ דְאֲפִילוּ הַאי תְמוּנָה הַכְּווּנָה עַל אוֹתִיּוֹת הַהוי"ה, אוֹתִיּוֹת הַשֵּׁם הַגָּדוֹל, שֶׁאָמַר עֲלֵיהּ[^12] – וְלֵית בְּרִיאָה דְלָא רְשִׁים בְּהַאי שְׁמָא בְּגִין לְאִשְׁתְּמוֹדְעָא לְמַאן דְּבָרָא לֵיהּ וְהַאי אִיהוּ י' דִיוּקְנָא דְרֵישָׁא דְכָל בְּרִיָה וכו'.

וְלֵית[^13] בְּרִיאָה דְלָא אִתְרְשִׁים בְּהַאי שְׁמָא, בְּגִין לְאִשְׁתְּמוֹדְעָא לְמַאן דְּבָרָא לֵיהּ, וְהַאי י', אִיהוּ דִיוּקְנָא דְרֵישָׁא דְכָל בִּרְיָין. ה' ה': דִיוּקְנָא דְ-ה' אֶצְבְּעָאן דִימִינָא, וְ-ה' דִשְׂמָאלָא, ו' דִיוּקְנָא דְגוּפָא.

לְשׁוֹן[^] הַזּוֹהַר עִם תַרְגּוּם – וְאֵין בְּרִיאָה שֶׁלֹּא נִרְשְׁמָה בַּשֵּׁם הַזֶּה, כְּדֵי לְהוֹדִיעַ לְמִי שֶׁבָּרָא אוֹתוֹ, וְהַ-י' הַזּוֹ הִיא דְּיוֹקָן שֶׁל רֹאשׁ שֶׁל כָּל הַבְּרִיּוֹת. ה' ה' דְּיוֹקָן שֶׁל ה' אֶצְבָּעוֹת הַיָּמִין, וְ-ה' שֶׁל שְׂמֹאל. ו' דְּיוֹקָן הַגּוּף.

וּבְגִין דָּא אָמַר – וְאֶל מִי תְּדַמְּיוּנִי וְאֶשְׁוֶה יֹאמַר קָדוֹשׁ. לֵית בְּכָל בְּרִיָה דְּאֶשְׁוֶה כְּוָתִי, וְאַף עַל גַּב דְּבָרָאתִי לָהּ כִּדְמוּת אַתְוָון דִּילִי, דְּאֲנָא

---

[^12]: זוהר חלק ב מב, ב

[^13]: זוהר פרשת בא מב, ב

יָכִיל לְמַחֲאָה הַהִיא צוּרָה, וּלְמֶעְבַּד לָהּ כַּמָּה זִמְנִין, וְלֵית אֱלוֹ"הַּ
אַחֲרָא עָלַי דְּיָכִיל לְמִמְחֵי דִּיוּקָנִי וּבְגִין דָּא - כִּי לֹא כְצוּרֵנוּ צוּרָם
וְאוֹיְבֵינוּ פְּלִילִים.

וְלָכֵן אָמַר, וְאֶל מִי תְדַמְּיוּנִי וְאֶשְׁוֶה יֹאמַר קָדוֹשׁ. אֵין בְּכָל
בְּרִיָּה שֶׁתִּשְׁוֶה כָּמוֹתִי, וְאַף עַל גַּב שֶׁבָּרָאתִי אוֹתָהּ כִּדְמוּת
הָאוֹתִיּוֹת שֶׁלִּי, שֶׁאֲנִי יָכוֹל לִמְחוֹת אֶת אוֹתָהּ צוּרָה, וְלַעֲשׂוֹת
אוֹתָהּ כַּמָּה פְּעָמִים, וְאֵין אֱלוֹ"הַּ אַחֵר עָלַי שֶׁיָּכוֹל לִמְחוֹת אֶת
צוּרָתִי, וְלָכֵן - כִּי לֹא כְצוּרֵנוּ צוּרָם וְאוֹיְבֵינוּ פְּלִילִים.

אמר שאפילו זאת התמונה לית ליה באתריה שבמקומו אין שם
שום תמונה ודמיון וצורה אפילו דמיון נקודה אחת כלל אלא כד
נחית וכו', אבל כשרצה להגלות ולהראות מלכותו על הבריות כדי
שיתפשט אורו ואלהותו עליהם וזה אי אפשר כי אם מדרך הנבואה
היה נראה ונגלה עליהם לכל אחד כפי מראה וכו', כלומר כפי
השגת כל אחד מהם ודמיון צורתם, וזה אמרו והאי איהו - וביד[14]
הנביאים אדמה. וכל זה בערכם וכפי יחסם ודמיונם לא שיש
במקומו דבר מכל זה חלילה, והוא אמרו ובגין דא איהו יימא אף
על גב דאנא אדמה לכו וכו', אלא שהוכרח כן להראות אלהותו
ומלכותו לבריות:

וביאר עוד זה באמרו[15] - אבל בתר דעביד האי דיוקנא דמרכבה
דאדם עילאה.

אֲבָל[16] בָּתַר דְּעָבַד הַאי דִּיוּקְנָא דְּמֶרְכָּבָה דְּאָדָם עִלָּאָה.
לְשׁוֹן הַזוֹהַר עִם תַּרְגּוּם - אֲבָל אַחַר שֶׁעָשָׂה דִּיוּקַן זֶה שֶׁל
הַמֶּרְכָּבָה שֶׁל אָדָם עֶלְיוֹן.

---

[14] הושע יב יא
[15] זוהר חלק ב מב, ב
[16] זוהר פרשת בא מב, ב

פירוש, הכוונה על אצילות הספירות אשר נתקן על תכונת אדם היושב על הכסא כידוע לחכמי לב, והוא המרכבה העליונה מרכבת הרוכב בשמי שמי קדם, נחית תמן הוא נגלה באצילותו והוא כנשמה לו. ולפי התפשטותו באצילותו נקרא בשם המורה על דיוקן האצילות ההוא והוא שם הוי"ה הכולל כל האצילות, כי אין סוף כפי עצמו אין לו שום שם כלל. וביאר הטעם שהוא נקרא בשם זה עם שאינו לו שם כפי עצמו כדי דאשתמודעון ליה במידות דיליה:

הנה ביאר תכלית הביאור כי הוכרח אצילות הספירות כדי שבאמצעותו יגלה ויראה ייחוד ואלהות האין סוף כי בזולת זה לא היה היכרא בכבודו. והיותו נקרא בשם הוי"ה אחר אצילות הספירות הנכללים בזה השם, להורות באצילות הזה על מציאות והיותו ייחוד האין סוף, וכשפועל בהם נקרא בשם זה להורות על שהאציל מאורו כל המידות הנכללות בשם המיוחד הזה, והוא כולל שאר שמות הקודש המורים על המידות, כל אחד כפי המידה שפועל בה ומנהיג בה העולם כפי הצורך, וכפי מה שמעוררים יצורי מטה ובזה הוא נודע ומתפרסם בעולמו, ולה הוצרכו המידות להיותם בגוף ומלבוש לשמות אשר בהם מנהיג העולם אשר על ידם הוא נודע פעם **בחסד** פעם **בדין** כפי המצטרך לפי מעשיהם, והוא אמרו לבאר כל זה כדי - דאשתמודעון ליה במידות דיליה נקרא - **א"ל, אלהי"ם, שד"י, צבאו"ת, אהי"ה**, כדי דישתמודעון ליה בכל מידה ומידה וכו':

הנה גלה לנו בזה הכרח אצילות הספירות, כי בזולת זה לא היה נודע ונגלה אלהות האין סוף ויכולתו וייחודו, ובהאצילו מאורו הספירות נתפשט ונגלה כל זה בעולם ואז נודע ונגלה. והוא שהוסיף לבאר באמרו דאם לא אתפשט נהוריה על כל בריין והוא אור ההנהגה באמצעות מידותיו איך אשתמודעון ליה ואיך יתקיים

מלֹא כל הארץ כבודו. הנה ביאר כי הסבה בכל זה הוא אצילות המידות:

אם כן עלה בידינו אמיתת הכרח ישות והיות הספירות:

ואמר עוד — אלא דמיונא דיליה כו'.

אֶלָּא[17] דְּמְיוֹנָא דִילֵיה, כְּפוּם שָׁלְטָנוּתֵיה עַל הַהִיא מִדָּה, וַאֲפִילוּ עַל כָּל בִּרְיָין. וּלְעֵילָּא מֵהַהִיא מִדָּה. וְכַד אִסְתְּלִיק מִינָּה, לֵית לֵיה מִדָּה, וְלָא דִמְיוֹן, וְלֹא צוּרָה. כְּגַוְונָא דְּיַמָּא, דְּלֵית בְּמַיָּא דְּיַמָּא דְּנַפְקֵי מִינֵּיה, תְּפִיסוּ כְּלָל וְלֹא צוּרָה, אֶלָּא דְּאִתְפַּשְּׁטוּתָא דְּמַיָּא דְּיַמָּא עַל מָאנָא, דְּאִיהוּ אַרְעָא, אִתְעֲבִיד דִּמְיוֹן, וְיָכִילְנָא לְמֶעְבַּד חוּשְׁבַּן תַּמָּן, כְּגוֹן הַמָּקוֹר דְּיַמָּא הָא חַד. נָפִיק מִינֵּיה מַעְיָן, כְּפוּם אִתְפַּשְּׁטוּתָא דִילֵיה מֵהַהוּא מָאנָא, כְּעִגּוּלָא דְּאִיהִי י', הָא מָקוֹר חַד, וּמַעְיָן דְּנָפִיק מִנֵּיה הָא תְּרֵין.

לְשׁוֹן הַזֹּהַר עִם תַּרְגּוּם — אֶלָּא הַדִּמְיוֹן שֶׁלּוֹ כְּפִי שִׁלְטוֹנוֹ עַל אוֹתָהּ הַמִּדָּה, וַאֲפִילוּ עַל כָּל הַבְּרִיּוֹת, וּלְמַעְלָה מֵאוֹתָהּ מִדָּה. וּכְשֶׁמִּסְתַּלֵּק מִמֶּנָּה, אֵין לוֹ מִדָּה וְלֹא דִמְיוֹן וְלֹא צוּרָה. כְּמוֹ שֶׁהַיָּם, שֶׁאֵין בַּמַּיִם שֶׁל הַיָּם שֶׁיּוֹצְאִים מִמֶּנּוּ תְּפִיסָה כְּלָל וְלֹא צוּרָה, אֶלָּא שֶׁהִתְפַּשְּׁטוּת שֶׁל הַמַּיִם שֶׁל הַיָּם עַל כְּלִי שֶׁהוּא אֶרֶץ, נַעֲשָׂה דִמְיוֹן, וְיָכְלְנוּ לַעֲשׂוֹת חֶשְׁבּוֹן שָׁם, כְּמוֹ הַמָּקוֹר שֶׁל הַיָּם — הֲרֵי אֶחָד. יוֹצֵא מִמֶּנּוּ מַעְיָן כְּפִי הִתְפַּשְּׁטוּתוֹ בְּאוֹתוֹ הַכְּלִי, כְּמוֹ עִגּוּל שֶׁהוּא י' — הֲרֵי מָקוֹר אֶחָד, וּמַעְיָן שֶׁיּוֹצֵא מִמֶּנּוּ — הֲרֵי שְׁנַיִם.

חזר לבאר הדמיון במשל נאה ומתייחס. אמר כי אין לו שום דמיון חלילה ומה שנראה מן ההנהגה פעם כך ופעם כך לא כפי עצמו

וערכו, כי אינו מוגבל ולא ישתנה כלל, אלא הוא כפי המידה שהוא מושל ומנהיג בה פעם **א"ל** כשמנהיג עולמו **בחסד** כפי מעשיהם. פעם **אלהי"ם** כשמנהיג עולמו **בדין** כפי מעשיהם, והכל לגלות אלהותו ולהודיע יכולתו בעולם. ולהודיע זה הוכרח אצילות הספירות מה שלא היה כן אם לא נאצלו, כי כבר הודעתיך כי אין סוף אין לומר בו שום דבר שישמע ממנו גבול או שנוי שהוא אינו גבול, כי כל מוגבל משתנה וכל הדברים המתנהגים בהם הנבראים מורים על הגבול ויש בהם שנוי, ולהעלות מן האין סוף כל גבול ושינוי והפוך צריך שיאצל מאורו דבר שיהיה שורש לכל אלה הדברים מצד הנבראים שאי אפשר להם בזולת גבול ושינוי והפוך ושאר המקרים, ולזה הוכרח אצילות הספירות שיהיה באמצעותו מקום לכל זה. ובזה יש מקום לבריאת העולם ולמקריו וחילופיו וגם לתורה ולמצותיה כמו שכתבתי. והרי זה מופת חותך על הכרח שיש שם ספירות:

עוד כתוב שם[5] - עילת העילות עביד עשרה ספירות וקרא ל**כתר** מקור אין סוף לנביעו דנהוריה ובגין דא קרא לגרמיה אין סוף ולית ליה דמות וצורה ותמן לית מנא למתפס ליה למנדע ביה ידיעה כלל ובגין דא כתיב - במופלא[18] ממך אל תדרוש ובמכוסה ממך אל תחקור. לבתר עבד מנא זעירא ודא **י'** ואתמלי מניה וקרא ליה מעין נובע **חכמה**. לבתר עבד מנא רברבא וקרא לה - ים וקרא לה **בינה**, והוא קרא ליה מבין ביה - חכם[19] מעצמו מבין. מעצמו כי החכמה לא אתקריאת מגרמה אלא על שם ההוא חכם דאמלי לה מנביעו דיליה. ואיהי לא אתקריאת בינה מגרמה אלא על שם ההו"ה מבין דאתמליא היא מניה דאם הוא אסתלק מינה אשתארת יבשה, הדא

---

[18] חגיגה יא, א

[19] משנה חגיגה ב א

הוא דכתיב - אזלו[20] מים מני ים ונהר יחרב ויבש. לבתר - והכהו[21]
לשבעה נחלים. עבד לה שבעה מניין יקירין וקרא לון - **גדולה**[22]
גבורה תפארת נצח הוד יסוד מלכות. וקרא גרמיה - גדול בגדולה
וחסיד. וגיבור בגבורה. ופאר בתפארת. ובנצח מארי נצחן קרביא
ואיהו - נצח נצחים. ובהוד קרא שמיה - הוד יוצרנו. וביסוד קרא
שמיה -צדיק ויסוד כלא סמיך ביה כל מניין וכל עלמין. ובמלכות
קרא שמיה מלך. ולו - הגדולה[23] והגבורה והתפארת והנצח וההוד
כי **כל**[24] דאיהו צדיק ולו הממלכה. דאיהו מלכות כלא ברשותיה
למחסר במניין ולאוספא בהון נביעו ולמחסר כפום רעותיה ביה
לית עליה אלא אחרא דאוסיף ביה וגרע ביה, עד כאן:

הָכִי עִלַּת הָעִלּוֹת, עָבִיד עֶשֶׂר סְפִירוֹת, וְקָרָא **לְכֶתֶר מָקוֹר**, וּבֵיהּ לֵית
סוֹף לְנְבִיעוּ דְּנְהוֹרֵיהּ. וּבְגִין דָּא קָרָא לְגַרְמֵיהּ **אֵין סוֹף**, וְלֵית לֵיהּ
דְּמוּת וְצוּרָה, וְתַמָּן לֵית מָאנָא לְמִתְפַּס לֵיהּ, לְמִנְדַּע בֵּיהּ יְדִיעָא כְּלָל.
וּבְגִין דָּא אָמְרוּ בֵּיהּ, בַּמוּפְלָא מִמְּךָ אַל תִּדְרוֹשׁ, וּבַמְכוּסֶּה מִמְּךָ אַל
תַּחְקוֹר.

לְשׁוֹן הַזוֹהַר עִם תַּרְגוּם[25] - כָּךְ עִלַּת הָעִלּוֹת עָשָׂה עֶשֶׂר
סְפִירוֹת, וְקָרָא לַכֶּתֶר מָקוֹר, וּבוֹ **אֵין סוֹף** לִנְבִיעַת אוֹרוֹ,
וְלָכֵן קָרָא לְעַצְמוֹ אֵין סוֹף, וְאֵין לוֹ דְּמוּת וְצוּרָה, וְשָׁם אֵין
כְּלִי לִתְפֹּס אוֹתוֹ, לָדַעַת בּוֹ יְדִיעָה כְּלָל. וְלָכֵן אָמְרוּ בּוֹ,
בַּמֻּפְלָא מִמְּךָ אַל תִּדְרֹשׁ וּבַמְכֻסֶּה מִמְּךָ אַל תַּחְקֹר.
לְבָתַר עָבַד מָאנָא זְעֵירָא, וְדָא י', וְאִתְמַלְיָא מִנֵּיהּ, וְקָרָא לֵיהּ מַעְיָן
נוֹבֵעַ **חָכְמָה**, וְקָרָא גַּרְמֵיהּ בָּהּ חָכָם, וּלְהַהוּא מָאנָא קָרָא לֵיהּ **חָכְמָה**.

---

[20] איוב יד, יא

[21] ישעיהו יא, טו

[22] **חסד**

[23] דברי הימים-א כט יא

[24] היסוד נקרא **כל** כידוע.

[25] זוהר פרשת בא מב, ב

וּלְבָתַר עֲבַד מָאנָא רַבְרְבָא, וְקָרָא לֵיהּ יָם, וְקָרָא לֵיהּ **בִּינָה**, וְהוּא קָרָא לְגַרְמֵיהּ מֵבִין בָּהּ.

אַחַר כָּךְ עָשָׂה כְּלִי קָטָן, וְזֶה **י'**, וְהִתְמַלֵּא מִמֶּנּוּ, וְקָרָא לוֹ מַעְיָן נוֹבֵעַ **חָכְמָה**, וְקָרָא אֶת עַצְמוֹ בּוֹ חָכָם, וּלְאוֹתוֹ הַכְּלִי קָרָא לוֹ **חָכְמָה**. וְאַחַר כָּךְ עָשָׂה כְּלִי גָּדוֹל, וְקָרָא לוֹ יָם, וְקָרָא לוֹ **בִּינָה**, וְהוּא קָרָא אֶת עַצְמוֹ מֵבִין בָּהּ.

חָכָם מֵעַצְמוֹ, וּמֵבִין מֵעַצְמוֹ, כִּי חָכְמָה אִיהִי לָא אִתְקְרִיאַת חָכְמָה מִגַּרְמָהּ, אֶלָּא בְּגִין הַהוּא חָכָם דְּאַמְלֵי לָהּ מִנְבִּיעוּ דִּילֵיהּ. וְאִיהִי לָא אִתְקְרִיאַת בִּינָה מִגַּרְמָהּ, אֶלָּא עַל שֵׁם הַהוּא מֵבִין דְּאַמְלֵי לָהּ מִנֵּיהּ. דְּאִי הֲוָה מִסְתַּלָּק מִנָּהּ, אִשְׁתָּאֲרַת יְבֵשָׁה. הֲדָא הוּא דִכְתִיב - אָזְלוּ[26] מַיִם מִנִּי יָם וְנָהָר יֶחֱרַב וְיָבֵשׁ.

חָכָם מֵעַצְמוֹ וּמֵבִין מֵעַצְמוֹ, כִּי חָכְמָה לֹא נִקְרֵאת חָכְמָה מֵעַצְמָהּ, אֶלָּא מִשּׁוּם אוֹתוֹ חָכָם שֶׁמִּלֵּא אוֹתָהּ מִמַּעְיָנוֹ. וְהִיא לֹא נִקְרֵאת בִּינָה מֵעַצְמָהּ, אֶלָּא עַל שֵׁם אוֹתוֹ מֵבִין שֶׁמִּלֵּא אוֹתָהּ מִמֶּנּוּ, שֶׁאִם הָיָה מִסְתַּלֵּק מִמֶּנָּה, הִיא תִּשָּׁאֵר יְבֵשָׁה. זֶהוּ שֶׁכָּתוּב - אָזְלוּ מַיִם מִנִּי יָם וְנָהָר יֶחֱרַב וְיָבֵשׁ.

לְבָתַר וְהִכָּהוּ לְשִׁבְעָה נְחָלִים. וְעָבִיד לֵיהּ לֹז' מָאנִין יַקִּירִין, וְקָרָא לוֹן: גְּדוּלָ"ה. גְּבוּרָ"ה. תִּפְאֶרֶת. נֶצַ"ח. הוֹ"ד. יְסוֹ"ד. מַלְכוּ"ת. וְקָרָא גַרְמֵיהּ גָּדוֹל בַּגְּדוּלָ"ה וְחָסִי"ד. גִּבּוֹר, בַּגְּבוּרָ"ה. מְפוֹאָר, בַּתִּפְאֶרֶ"ת. מָארֵי נַצְחָן קְרָבִין, בְּנֶצַ"ח נְצָחִים. וּבְהוֹ"ד קָרָא שְׁמֵיהּ, הוֹד יוֹצְרֵנוּ. וּבִיסוֹ"ד קָרָא שְׁמֵיהּ צַדִּיק. וִיסוֹ"ד, כֹּלָּא סָמִיךְ בֵּיהּ, כָּל מָאנִין וְכָל עָלְמִין. וּבְמַלְכוּת, קָרָא שְׁמֵיהּ מֶלֶךְ. וְלוֹ הַגְּדוּלָ"ה וְהַגְּבוּרָ"ה וְהַתִּפְאֶרֶ"ת וְהַנֶּצַ"ח וְהַהוֹ"ד כִּי כֹ"ל בַּשָּׁמַיִם, דְּאִיהוּ צַדִּי"ק. וְלוֹ הַמַּמְלָכָה: דְּאִיהוּ מַלְכוּ"ת.

גְּדֻלָ"ה, גְּבוּרָ"ה, תִּפְאֶרֶ"ת, נֶצַ"ח, הוֹ"ד, יְסוֹ"ד, מַלְכוּ"ת. וְקָרָא אֶת עַצְמוֹ גָּדוֹל בַּגְּדֻלָ"ה וְחָסִי"ד. גִּבּוֹר בַּגְּבוּרָ"ה. מְפֹאָר בַּתִּפְאֶרֶ"ת. בַּעַל נִצָּחוֹן קְרָבוֹת בְּנֶצַ"ח נְצָחִים. וּבַהוֹ"ד

קָרָא אֶת שְׁמוֹ הוֹד יוֹצְרֵנוּ. וּבַיְסוֹד קָרָא שְׁמוֹ צַדִּיק. וּבַיְסוֹ"ד הַכֹּל סָמוּךְ בּוֹ, כָּל הַכֵּלִים וְכָל הָעוֹלָמוֹת. וּבַמַּלְכוּת קָרָא שְׁמוֹ מֶלֶךְ. וְלוֹ הַגְּדֻלָּ"ה וְהַגְּבוּרָ"ה וְהַתִּפְאֶרֶ"ת וְהַנֶּצַ"ח וְהַהוֹ"ד כִּי כֹל בַּשָּׁמַיִם, שֶׁהוּא צַדִּי"ק. וְלוֹ הַמַּמְלָכָה, שֶׁהִיא מַלְכוּ"ת.

כֻּלָּא בִרְשׁוּתֵיהּ, לְמֶחְסַר בְּמָאנִין, וּלְאוֹסָפָא בְּהוֹן נְבִיעוּ, וּלְמֶחְסַר כְּפוּם רְעוּתֵיהּ וְלֵית עֲלֵיהּ אֱלָהָא, דְּיוֹסִיף בֵּיהּ, אוֹ יִגְרַע בֵּיהּ.

הַכֹּל בִּרְשׁוּתוֹ לְחַסֵּר בַּכֵּלִים וּלְהוֹסִיף בָּהֶם נְבִיעָה וּלְחַסֵּר כְּפִי רְצוֹנוֹ, וְאֵין עָלָיו אֱלוֹהַּ שֶׁיּוֹסִיף בּוֹ אוֹ יִגְרַע בּוֹ.

ספר דרך אמונה

ולמען חפצתי צדקך אגיד לך תעלומות חכמה, בפירושו וממנו תעמוד עוד על תשובת שאלתך ואועילך בו למקצת שאלות השלישית והרביעית:

אמר כי עילת העילות עביד עשרה ספירות, אל תטעה באמרו עביד שמא ח"ו הספירות ברואות חלילה לאבי החכמה ע"ה להאמין כן, אבל הוציא האצילות בלשון **עשיה** כעניין - אשר[1] עשה לנו הנפש הזאת. והנפש אור אצול מהפנים הפנימיים, ועוד **לקח** לשון עשייה שהוא עניין תיקון לומר שנתקן **האין סוף** בהם לתיקון העולמות וצרכם וכמו שכתבתי ולפיכך האצילים מאורו. וקרא לכתר - **מקור אין סוף**. מכאן יתבאר לך כי הכתר **אינו** אין סוף כמו שטעו בזה רבים ונכבדים אבל הוא נאצל ממנו. ובגין דא קרא לגרמיה אין סוף, הוא אשר דברתי אליכם כי האין סוף **אין לו שם** כפי עצמו, שאפילו שם אין סוף אין ליחסו לו על האמת, אבל כשהאציל אצילותו נקרא על שמו וכל השמות מושאלים לו כשפועל בהם, וכפי המידה שפועל בה כך נקרא באותה שעה, וכמו שאמרו חז"ל שמות רבה - לפי[2] מעשי אני נקרא וכמו שכתבתי בחיבורי הגדול[3], ואם כן **אין סוף הוא כנוי לכולי עלמה** אלא שהושאל לעילתו מצדו:

ולית ליה דמות וצורה, כלומר לכולה עלמה ומהתעלמותו ראיה על

---

[1] ירמיהו לח, טז

[2] שמות רבה ג ו

[3] עבודת הקודש פרק ג ו

התעלמות עילתו ואין ביניהם אלא שזה עילה וזה עלול, והוצרך כן להעיד על מעלת העילה יתברך שאין שום דבר ושם תופס בו כלל ואין במקומו שום דמות וצורה כלל חלילה וכמו שביאר לעיל תכלית הביאור:

ותמן לית מנא למתפס ליה, ר"ל שמצד אצילות כלה עלמה עדיין אין היכרא במעלת האין סוף להתעלמותו והוא אמרו למנדע ליה ידיעה כלל ובגין דא כתיב במופלא ממך כו', ואין שם כלי עדיין בו יוכר ויודע כי האצילות הראשון מופלא ומכוסה בתכלית כי הוא אור שאינו נתפס ואם הוא כן כל שכן עילתו:

לבתר עבד מנא זעירא ודא **י'** היא **החכמה** והיא גדולה שאין לה חקר ועליה נאמר - ונעלמה[4] מעיני כל חי. ולדקותה והעלמה אמר בה מנא זעירא כלומר למיעוט השגתה ואין אות שתורה עליה לדקותה יותר קטנה מאות **י'** שבשם. והנה נמשך האצילות מהמופלא אל הנעלם ועדיין הוא בתכלית ההעלם ואין הכוונה עדיין נשלמת בהעלם כזה כי אם מצד האין סוף להורות על תכלית פליאתו והיעלמו, אבל לצורך הנבראים אין להם בהם סמך וקשר כלל ולא תפיסה לבריאתם כפי ערכם והבדלם וחילופיהם והשינוי המתחדש בהם:

וכבר כתבתי כי כל זה והדומה צריך שיהיה לו שורש למעלה ובאופן אחר לא יתקשרו התחתונים בעליונים ולא תתפשט בהם ההשגחה והידיעה פעם לטוב פעם לרע כפי מעשיהם, ולזה הוצרך אצילות אחר יותר נגלה ונרגש בו יהיה מקום לכל זה, ר"ל שיהיה מקור ימשכו ממנו מידות יהיה בהם די ושלמות ושורש לכל הנבראים. ולזה אמר לבתר עבד מנא רברבא וקרא לה ים, וקרא

לה **בינה**. הנה כי עם שהיא עמוקה ודקה בתכלית בערך הקודמים
לה היא רברבא כערך **י'** עם **ה'**. והיא **ה'** ראשונה שבשם וממנה
התחלת ההיפוכים. הלא תראה ליה גוף אחד מיוחד בלתי מתפרד,
אבל **ה'** עם שהיא מעידה במספרה ומורה על המקור שיצאה ממנו
הנה היא מורכבת ך משלשה ווי"ן ל וחוברו בה השנייה
בגוף אחד שהוא **ד'** ה להורות על ייחוד הקודמים בה,
ונפרדה בה ה-**ו'** האחת להורות עליה שהיא ר"ל בינה בין הגלוי
וההעלם, ובזה היא סבת ההיפוכים כולם וממנה נאצלו והם שאר
המידות הכלולות ממנה בפנים ואחור כמו שידעת, ולפיכך נרשמה
באות **ה'** שהיא **ד"ו** להורות על מה שהאצילה שהם הששה קצוות
כמניין **ו'** ועל האחרונה שהיא **ד'** כמו שידעת:

כי החכמה איהי לא אתקריאת מגרמה אלא על שם ההוא חכם
דאמלי לה מנבעו דיליה.

חָכָם[5] מֵעַצְמוֹ, וּמֵבִין מֵעַצְמוֹ, כִּי חָכְמָה אִיהִי לָא אִתְקְרִיאַת חָכְמָה
מִגַּרְמָהּ, אֶלָּא בְּגִין הַהוּא חָכָם דְּאַמְלֵי לָהּ מִנְבִּיעוּ דִּילֵיהּ. וְאִיהִי לָא
אִתְקְרִיאַת בִּינָה מִגַּרְמָהּ, אֶלָּא עַל שֵׁם הַהוּא מֵבִין דְּאַמְלֵי לָהּ מִנֵּיהּ.
דְּאִי הֲוָה מִסְתַּלֵּק מִנָּהּ, אִשְׁתַּאֲרַת יְבֵשָׁה. הֲדָא הוּא דִכְתִיב - אָזְלוּ[6]
מַיִם מִנִּי יָם וְנָהָר יֶחֱרַב וְיָבֵשׁ.

לְשׁוֹן הַזוֹהר עִם תַּרְגוּם - חָכָם מֵעַצְמוֹ וּמֵבִין מֵעַצְמוֹ, כִּי
חָכְמָה לֹא נִקְרֵאת חָכְמָה מֵעַצְמָהּ, אֶלָּא מִשּׁוּם אוֹתוֹ חָכָם
שֶׁמְּלֵּא אוֹתָהּ מִמַּעְיָנוֹ. וְהִיא לֹא נִקְרֵאת בִּינָה מֵעַצְמָהּ, אֶלָּא
עַל שֵׁם אוֹתוֹ מֵבִין שֶׁמְּלֵּא אוֹתָהּ מִמֶּנּוּ, שֶׁאִם הָיָה מִסְתַּלֵּק
מִמֶּנָּה, הִיא תִּשָּׁאֵר יְבֵשָׁה. זֶהוּ שֶׁכָּתוּב - אָזְלוּ מַיִם מִנִּי יָם
וְנָהָר יֶחֱרַב וְיָבֵשׁ.

---

[5] זוהר פרשת בא מב, ב
[6] איוב יד, יא

תן ליבך ועיני שכלך אם הם מאוכלי שולחנך, ותבין מזה פנה גדולה בייחוד הנעלם, כי אם נאצלו המידות לא נפרדו אבל נשארו במאציל בייחוד גמור, ולקח המשל **בחכמה ובינה**, כי הראשונה ידוע הוא ואמר שאם נקראת **חכמה ובינה** לא מצד עצמם חלילה, כי היה נראה בזה שהם נפרדות והם רשות לעצמם, אבל נקראו כן על שם שנשארו מיוחדות בחכם מעצמו ומבין מעצמו וממנו נשאו שם זה מצד המלאם ממנו להיותם בייחוד גמור בו:

והביא על זה מופת גמור וראיה ברורה באמרו - דאם הוא אסתלק מינה אשתארת יבשה. ואלו הייתה נקראת כן מעצמה מה ייתן לה ומה יוסיף הסתלקותו ממנה, אבל זה מעיד שאינה מעצמה כלום כי אם מצד המאציל שנשארה בו שעם שנאצלה לא נפרדה, ולפיכך תקרא חכמה מצד החכם שהיא מתמלאת ממנו וכן **בינה**, ונמצאת למד כי הם בו והוא בהם בייחוד אמיתי כי הוא החכמה והוא התבונה והוא הדעת, ואינן זולת עצמו וגם לא זו זולת זו לא כמו שהם בנבראים, כי הם זולת החכמה והתבונה והם זולתם ובלתם, והוא אמרו כאן חכם מעצמו מבין מעצמו כלומר שהם עצמו ואינן דבר חוץ ממנו. וכמו שבהיותם המידות והספירות בחביון אין סוף היו באחדות ובהשוואה גמורה בתכלית מה שאפשר:

כן אחר שהאצילם מאורו נשארו בו באחדות ההוא עצמו, ולא היה בזה כי אם גלוי מה שהיה נסתר וכמוס בחביון **אין סוף** ואין בו שום חידוש ושינוי, ויציאה מן הכח אל הפועל, כמו שאבאר עוד בס"ד. וממה שכתבתי בזה יתבאר למשכיל כי הספירות **הם עצם האלהות**, וכבר הכרחתי והוכחתי זה בחיבורי הגדול:

ואחר הדברים והאמת האלה תיפול בכאן קושיא חזקה, שאם כן שהם **עצם האלהות**, איך אמר דאם הוא אסתלק מינה והיא עצמו,

והוא היא ואיך יצויר שהדבר יסתלק מעצמותה, ויש להשיב בזה שאין באמרו דאם הוא אסתלק משמעות שום סילוק ופרוד חלילה, כי לא אמר אלא דאם וידוע כי אין בזה הלשון חיוב סילוק. ואמר זה להעיר על מה שכתבתי למעלה שאינה דבר לעצמה חלילה כי היא ברשות המאציל והיא הוא לא זולת זה:

עוד ראיתי להועילך להועיל בסוד זה העניין בטעם עמוק אמיתי למען תלך לבטח דרכך:

דע כי הסילוק או החנות והחבור הוא נאמר בערך הנבראים כפי התעוררותם לטוב או לרע כן מעוררים למעלה. וזה כי כשפועלים פעולות החסד הנה מעוררים המידה ההיא ונותנים לה מקום וכביכול מוסיפים בה כח לפעול פעולות החסד בעולם כפי התעוררותם, וזה סוד - באלהים[7] נעשה חיל. והרי זה מורה ייחוד וחבור הנשמה הטהורה יתברך בכוחותיו. וכן כשהבריות מתגברים על יצרם וכובשים אותו לעשות רצון קונם, הנה מעוררים המידה ההיא נותנים לה מקום וכביכול מוסיפים בה כח לפעול פעולות הגבורה בעולם כפי התעוררותם:

וכשהבריות מעוררים פעולות מגונות ועוברים על רצון קונם כביכול מחלישים הכוחות ההם ומסלקים אותם מלפעול פעולותיהם, כי כפי התעוררות למטה מתעורר למעלה וזה סוד - צור[8] ילדך תשי. ואין הנשמה פועלת בכוחותיה הפעולות המתחייבות לבל כח מכוחותיה, וזה משל הסילוק והפרוד לא שיש שם דבר מזה חלילה כי הנשמה כוחותיה אדוקים בה והם עצם הנשמה ואיך יסתלק הדבר מעצמו, זה לא יצויר בשום פנים אם לא

---

[7] תהלים ס, יד
[8] דברים לב, יח

שהעניין הוא כמו שהמשלתי והוא האמת בעצמו:

אמר' עוד - והכהו לשבעה נחלים עבד ליה שבעה מניין כו'.

לְבָתַר[9] וְהִכָּהוּ לְשִׁבְעָה נְחָלִים. וְעָבִיד לֵיהּ לְז' מָאנִין יַקִּירִין, וְקָרָא לוֹן: גְּדוּלָּ"ה. גְּבוּרָ"ה. תִּפְאֶרֶת. נֶצַ"ח. הוֹ"ד. יְסוֹ"ד. מַלְכוּ"ת. וְקָרָא גַרְמֵיהּ גָּדוֹל בַּגְּדוּלָּ"ה וְחָסִ"ד. גִּבּוֹר, בַּגְּבוּרָ"ה. מְפוֹאָר, בַּתִּפְאֶרֶ"ת. מָארֵי נַצְחָן קְרָבִין, בְּנֶצַ"ח נְצָחִים. וּבְהוֹ"ד קָרָא שְׁמֵיהּ, הוֹד יוֹצְרֵנוּ. וּבִיסוֹ"ד קָרָא שְׁמֵיהּ צַדִּיק. וִיסוֹ"ד, כֹּלָּא סָמִיךְ בֵּיהּ, כָּל מָאנִין וְכָל עָלְמִין. וּבְמַלְכוּת, קָרָא שְׁמֵיהּ מֶלֶךְ. וְלוֹ הַגְּדוּלָּ"ה וְהַגְּבוּרָ"ה וְהַתִּפְאֶרֶ"ת וְהַנֵּצַ"ח וְהַהוֹ"ד כִּי כֹ"ל בַּשָּׁמַיִם, דְּאִיהוּ צַדִּי"ק. וְלוֹ הַמַּמְלָכָה: דְּאִיהוּ מַלְכוּ"ת.

לְשׁוֹן הַזוֹהַר עם תרגום - גְּדֻלָּ"ה, גְּבוּרָ"ה, תִּפְאֶרֶ"ת, נֶצַ"ח, הוֹ"ד, יְסוֹ"ד, מַלְכוּ"ת. וְקָרָא אֶת עַצְמוֹ גָּדוֹל בַּגְּדֻלָּ"ה וְחָסִ"ד. גִּבּוֹר בַּגְּבוּרָ"ה. מְפֹאָר בַּתִּפְאֶרֶ"ת. בַּעַל נִצָּחוֹן קְרָבוֹת בְּנֶצַ"ח נְצָחִים. וּבְהוֹ"ד קָרָא אֶת שְׁמוֹ הוֹד יוֹצְרֵנוּ. וּבִיסוֹד קָרָא שְׁמוֹ צַדִּיק. וּבִיסוֹ"ד הַכֹּל סָמוּךְ בּוֹ, כָּל הַכֵּלִים וְכָל הָעוֹלָמוֹת. וּבְמַלְכוּת קָרָא שְׁמוֹ מֶלֶךְ. וְלוֹ הַגְּדֻלָּ"ה וְהַגְּבוּרָ"ה וְהַתִּפְאֶרֶ"ת וְהַנֵּצַ"ח וְהַהוֹ"ד כִּי כֹל בַּשָּׁמַיִם, שֶׁהוּא צַדִּי"ק. וְלוֹ הַמַּמְלָכָה, שֶׁהִיא מַלְכוּ"ת.

כי בשלוש ראשונות להתעלמותם ודקותם, לא היה לנבראים התבוננות וקיום בהם, אבל הוצרכו בהכרח להעיד על התעלמות מופלא המופלא ועל ייחודו, ולהשלים הכוונה באחרונות לתשלום עשר ספירות, כי כל שלשה שהיה מאציל ראשונה מאורו היו, בהכרח בתכלית ההעלם ולטעם הנזכר, ולכן אין להשיב למה נאצלו אלו ומהנביין ולמטה צורך העולם והנבראים:

---

[9] זוהר פרשת בא מב, ב

ודקדק אמרו עבד ליה - כי[10] כל פעל הוי"ה למענהו. ודרשו רז"ל - לקילוסו[11] דבר אחר לעדותו. וכמו שכתבתי עניינו בחיבורי הגדול[12] - וכביכול לו לצורכו, כי לולא אצילותו לא היה ניכר ייחודו ואלהותו. וביאר צורך וחיוב זה באמרו - וקרא[13] גרמיה גדול בגדולה וחסיד וגיבור בגבורה וכו'. הרי ביאר שעם שכפי עצמו אין לו שום שם שיורה עליו למעלתו ולהיעלמו, וכל שכן שום כנוי. הנה לצורך הנבראים ולקיומם וכדי שיכירו כבודו האציל האצילות למען יהיה לו מקום וכלי להתלבש בו לפעול באמצעותו בנבראים כפי התעוררות פעולותיהם, וכל זה אין מחייב ריבוי בעצמו חלילה, לפי שהוא בהם והם בו בייחוד שווה אמיתי, ואינן דבר נוסף על העצם, ולפיכך הותר לנו לתארו בהם, וכבר הארכתי בזה בחיבורי יעויין שם, ובמה שפירשתי בשלמה הכוונה במאמר הקדוש הזה ועלה בידינו כהוגן:

ובספר[7] התיקונין - פתח[14] אליהו ואמר רבון עלמין דאנת חד הוא ולא בחושבן. אנת הוא עילאה על כל עילאין סתים על כל סתימין. לית מחשבה תפסה בך כלל. אנת הוא דאפיקת עשרה תיקונין וקרית לון עשרה ספירן לאנהגא בהון עלמין סתימין, דלא אתגליין, ועלמין דאתגליין, ובהון אתכסית מן בני נשא. ואנת הוא דקשיר ומייחד לון ובגין דאנת מלגאו מאן דאפריש חד מחבריה מאלין עשרה ספירות אתחשיב ליה כאלו אפריש בך, עד כאן:

פָּתַח[15] אֵלִיָּהוּ וְאָמַר, רִבּוֹן עָלְמִין דְּאַנְתְּ הוּא חָד וְלָא בְּחֻשְׁבָּן, אַנְתְּ

<hr>

[10] משלי טז, ד
[11] ילקוט שמעוני תתקגז
[12] עבודת הקודש חלק א, פרק י
[13] זוהר פרשת בא מב, ב
[14] תיקוני הזוהר, בהקדמה יז, א
[15] תיקוני הזוהר, בהקדמה יז, א

הוּא עִלָּאָה עַל כָּל עִלָּאִין, סְתִימָא עַל כָּל סְתִימִין, לֵית מַחֲשָׁבָה תְּפִיסָא בָּךְ כְּלָל, אַנְתְּ הוּא דְּאַפִּיקַת עֶשֶׂר תִּקּוּנִין, וְקָרֵינָן לוֹן עֶשֶׂר סְפִירָן, לְאַנְהָגָא בְּהוֹן עָלְמִין סְתִימִין דְּלָא אִתְגַּלְיָין, וְעָלְמִין דְּאִתְגַּלְיָין, וּבְהוֹן אִתְכַּסִיאַת מִבְּנֵי נָשָׁא, וְאַנְתְּ הוּא דְּקָשִׁיר לוֹן, וּמְיַחֵד לוֹן, וּבְגִין דְּאַנְתְּ מִלְגָּאו, כָּל מָאן דְּאַפְרִישׁ חַד מִן חַבְרֵיהּ מֵאִלֵּין עֶשַׂר, אִתְחֲשִׁיב לֵיהּ כְּאִלּוּ אַפְרִישׁ בָּךְ.

לְשׁוֹן' הַזֹּהַר עִם תַּרְגוּם - פָּתַח אֵלִיָּהוּ וְאָמַר, רִבּוֹן הָעוֹלָמִים, שֶׁאַתָּה הוּא אֶחָד וְלֹא בְּחֶשְׁבּוֹן. אַתָּה הוּא עֶלְיוֹן עַל כָּל הָעֶלְיוֹנִים, סָתוּם עַל כָּל סְתוּמִים, אֵין מַחֲשָׁבָה תּוֹפֶסֶת בְּךָ כְּלָל. אַתָּה הוּא שֶׁהוֹצֵאתָ עֲשָׂרָה תִּקּוּנִים הַנִּקְרָאִים עֶשֶׂר סְפִירוֹת, לְהַנְהִיג בָּהֶם עוֹלָמוֹת סְתוּמִים שֶׁאֵינָם מִתְגַּלִּים וְעוֹלָמוֹת נִגְלִים, וּבָהֶם הִתְכַּסִּית מִבְּנֵי אָדָם. וְאַתָּה הוּא הַקּוֹשֵׁר אוֹתָם וּמְיַחֵד אוֹתָם. וּבִגְלַל שֶׁאַתָּה פְּנִימִיּוּתָם, כָּל הַמַּפְרִישׁ אֶחָד מִן הַחֲבֵרִים מֵאוֹתָם הָעֶשֶׂר סְפִירוֹת, יֵחָשֵׁב לוֹ כְּאִלּוּ הִפְרִישׁ בָּךְ. כָּל מִי שֶׁמַּפְרִישׁ סְפִירָה מֵחֲבֶרְתָּהּ, נֶחֱשָׁב לוֹ כְּאִלּוּ מַפְרִישׁ אוֹתְךָ.

הנה ביאר כי לפי שאין מחשבה תופסת בעילות העילות, ואין לומר עליו לא יש ולא אין הוציא מאורו עשר תיקונין, ונקראו תיקונין, לפי שהם **תיקון** לו להורות ייחודו ואלהותו, וקראן עשר ספירות. ועוד הוכרח אצילותן לאנהגא בהון כל העולמות, מה שלא היה אפשר בלתי אצילותן, שיבראו העולמות ולא הנהגתן. ואמר - **ובהון אתכסיית** וכו', כי אחר אצילות עשר ספירות נעלם ונתכסה מבני נשא:

כי לא בא עליו שום רמז בתורה ולא בדברי החכמים ולא יושג כלל, כי כבר אמר עליו שהוא - **סתים מכל סתימין, ולית מחשבה תפסה ביה כלל**, ולא נודע כלל כי אם מצד אצילותו שנגלה

אלהותו וייחודו, כדמיון הנשמה שאינה נישגת כלל, כי אם באמצעות הגוף, ואמר שהוא קושרם ומייחדם. ולפי שלא יחשב חלילה שהם דבר זולתו או הוא זולתם:

אמר - **ובגין דאנת מלגאו מאן דאפריש כו'**, להודיע ולגלות שהוא כנשמה לגוף, וכמו שהמפריש אבר מחברו הרי כאלו מפריש בנשמה עצמה, שהרי היא מרגשת בפירוד וכאב האבר הנפרד וכל השאר נכאבים וחולים, וכאילו נתפרדה חבילה, ועוד שמסלק הנשמה והחיות מן האבר ההוא שהרי היא קשר וייחוד כל איברי הגוף:

כן המשל בכאן כי - **כל מאן דאפריש חד מן חבריה מאלין עשר, אתחשיב ליה כאלו אפריש בך**, שהוא נשמה לנשמה, והמפריש בזו מפריש בזו, כי הוא ייחודם והם ייחודו והיו לאחדים. מזה המאמר יתבאר הכרח שיש שם ספירות וחיוב אצילותן:

ומעתה כוף אזנך ושמע דברי המאור הקדוש ע"ה בפרשת בראשית אמר ז"ל[16] - זוהר סתימא בטש אוירא דיליה מטי ולא מטי בהאי נקודה וכדין אתפשט האי ראשית ועביד ליה היכלא ליקריה לתושבחתיה תמן זרע זרעא לאולדא לתועלתא דעלמין ורזא דא זרע קדש מצבתה, עד כאן:

זהר[17] סְתִימָא דִּסְתִימִין, בָּטַשׁ אֲוִירָא דִּילֵיהּ דְּמָטֵי וְלֹא מָטֵי בְּהַאי נְקוּדָה וּכְדֵין אִתְפַּשַׁט הַאי רֵאשִׁית וְעָבִיד לֵיהּ הֵיכְלָא לִיקָרֵיהּ וּלְתוּשְׁבַּחְתֵּיהּ. תַּמָּן זָרַע זַרְעָא דְּקוּדְשָׁא לְאוֹלְדָא לְתוֹעַלְתָּא דְּעָלְמָא, וְרָזָא דָא - זֶרַע קֹדֶשׁ מַצַּבְתָּהּ.

---

[16] זוהר בראשית טו, א
[17] תיקוני הזוהר, בהקדמה יז, א

לְשׁוֹן הַזוהר עִם תַּרְגוּם - הַזָּהֵר הַנִּסְתָּר שֶׁל הַנִּסְתָּרִים הִכָּה בָּאֲוִיר שֶׁלּוֹ שֶׁהִגִּיעַ וְלֹא הִגִּיעַ וְהֵאִיר בַּנְּקֻדָּה זוֹ, וְאָז הִתְפַּשְּׁטָה הָרֵאשִׁית הַזֹּאת, וְעָשָׂה לוֹ הֵיכָל לִכְבוֹדוֹ וּלְתִשְׁבַּחְתּוֹ, שָׁם זָרַע זֶרַע קֹדֶשׁ לְהוֹלִיד לְתוֹעֶלֶת הָעוֹלָם, וְזֶה סוֹד - זֶרַע קֹדֶשׁ מַצַּבְתָּהּ.

אמר כי - זוהר סתימא הוא הסתום מכל, בטש אוירא דיליה סוד אויר הקדמון ונגע ולא נגע בהאי נקודה, היא ראשית חכמה שנאצלה מן האויר, **י'** שבאוי'ר, וכדין אתפשט האי ראשית והאצילה לה היכלא ליקריה לתושבחתיה דהאי זוהר שהוא כלי, וסיבה לפרסם כבודו ושבחו:

ומה שקראו היכל שבו שוכנים - ר"ל נסתרים ונעלמים הראשונים ובערך דקותם ומיעוט וקוטן השגתם נקראת **בינה** היכל. ואמר דתמן זרע זרעא הוא משל שקבלה ונכללה אצלו, השאר וממנה נאצלו כל שאר המאורות כמו שקבלתם **מחכמה**, וילדה והוציאה הזרע ההוא לאור ועשה פרי, ואמר שזה היה - לתועלתא דעלמין. הנה ביאר בפירוש כי הוכרח אצילות הספירות לעזר ולהועיל לבריאת העולמות וקיומן וזולתם לא היה מקום וכלי לזה כלל:

עוד אמר באדרא נשא ז"ל[18] - תאנא אי עתיקא דעתיקין, קדישא דקדישין, לא אתתקן בהדין תיקונין, לא אשתכחו עילאין ותתאין וכלא הואי כלא הואי, עד כאן. והוא מבואר וממנו תקח הכרח חזק ונאמן לאצילות הספירות:

תָּאנָא[19] אִי עַתִּיק דְּעַתִּיקִין, קַדִּישָׁא דְּקַדִּישִׁין, לָא אִתְּתַּקַּן בְּאִלֵּין

---

[18] זוהר חלק ג' דף קלב, א
[19] תיקוני הזוהר, בהקדמה יז, א

תִּקּוּנִין, לָא אִשְׁתְּכָחוּ עִלָּאִין וְתַתָּאִין. וְכֹלָּא הֲוֵי כְּלָא הֲוֵי.

לְשׁוֹן הַזֹּהַר עִם תַּרְגּוּם - לָמַדְנוּ אִם עַתִּיק הָעַתִּיקִין, שֶׁהוּא קָדוֹשׁ מִכָּל הַקְּדוֹשִׁים, אִם לֹא הָיָה מְתוּקָן בְּאֵלּוּ הַתִּקּוּנִים שֶׁלּוֹ אָז לֹא הָיוּ נִמְצָאִים הָעֶלְיוֹנִים וְהַתַּחְתּוֹנִים

עוֹד אָמַר בְּפָרָשַׁת בְּרֵאשִׁית וְאַתָּה תֵּן לֵב וָדַעַת לְהָבִין כִּי הַכֹּל הוֹלֵךְ אַחַר הַחֲתוּם. אָמַר[20] שָׁם ז"ל כְּתִיב[21] - אַפִּרְיוֹן עָשָׂה לוֹ הַמֶּלֶךְ שְׁלֹמֹה מֵעֲצֵי הַלְּבָנוֹן. אפריון דא תיקונא דעלמא תתאה מעלמא עילאה, דעד לא ברא הקדוש ברוך הוא עלמא הוה הוא ושמיה סתים בגויה חד ולא קיימא מלה בר הוא הוא בלחודוי עד דסליק בזיהרא דמחשבה לקיימא כלא במטון דסמיטרא למיברי עלמא והוה רשים ובני ולא קיימא עד דאתעטף בעטופא דזיהרא עילאה דמחשבה וברא עלמא ואפיק אילנין ארזין עילאין רברבין מההוא זיוא עילאה ושוי רתיכוי על כ"ב אתוון רשימין אתגליפו בעשר אמירן ואתישבו הדא הוט דכתיב - **מעצי הלבנון.** וכתיב - ארזי[22] לבנון אשר נטע. עשה לו לגרמיה לו לתיקוניה לו לאחזאה דאיהו חד ושמיה חד, כמה דאתאמר - וידעו[23] כי אתה שמך הוי"ה לבדך עליון על כל הארץ. עד כאן:

תָּנִינָן[24] כָּל שְׁלֹמֹה דְּאִתְּמַר בְּשִׁיר הַשִּׁירִים בְּמַלְכָּא דִשְׁלָמָא דִּילֵיהּ. בְּמֶלֶךְ סְתָם בְּנוּקְבָא. מִלָּה תַתָּאָה בְּעִלָּאָה. וְרָזָא דְמִלָּה דִירָתָא תַתָּאָה לְעִלָּאָה תַּרְוַויְיהוּ כְּחַד. וְהַיְינוּ בֵּי"ת דִּכְתִיב - בְּחָכְמָה יִבָּנֶה בָּיִת. וּכְתִיב - אַפִּרְיוֹן עָשָׂה לוֹ הַמֶּלֶךְ שְׁלֹמֹה מֵעֲצֵי הַלְּבָנוֹן. אַפִּרְיוֹן דָּא תִּקּוּנָא דְעָלְמָא תַתָּאָה מֵעָלְמָא עִלָּאָה.

---

[20] זוהר בראשית טו, א

[21] שיר השירים ג, ט

[22] תהלים קד, טז

[23] תהלים פג, יט

[24] זוהר בראשית טו, א

לְשׁוֹן הַזֹּהַר עִם תַּרְגּוּם - שָׁנִינוּ, כָּל שְׁלֹמֹה שֶׁנֶּאֱמַר בְּשִׁיר הַשִּׁירִים, בְּמֶלֶךְ שֶׁהַשָּׁלוֹם שֶׁלּוֹ, בְּמֶלֶךְ סְתָם בִּנְקֵבָה מִלָּה תַּחְתּוֹנָה בָּעֶלְיוֹנָה. וְסוֹד הַדָּבָר - דִּירָה תַּחְתּוֹנָה לָעֶלְיוֹנָה שֶׁשְּׁתֵּיהֶן כְּאַחַת. וְהַיְנוּ בֵּי"ת, שֶׁכָּתוּב - בְּחָכְמָה יִבָּנֶה בָּיִת. כָּתוּב - אַפִּרְיוֹן עָשָׂה לוֹ הַמֶּלֶךְ שְׁלֹמֹה מֵעֲצֵי הַלְּבָנוֹן. אַפִּרְיוֹן זֶה תִּקּוּן שֶׁל הָעוֹלָם הַתַּחְתּוֹן מֵהָעוֹלָם הָעֶלְיוֹן.

דְּעַד לָא בָּרָא קוּדְשָׁא בְּרִיךְ הוּא עָלְמָא הֲוָה סָתִים שְׁמֵיהּ בֵּיהּ וְלָא הוּא שְׁמֵיהּ סָתִים בְּגַוֵּיהּ חַד וְלָא קַיְּימָא מִלָּה עַד דְּסָלִיק בִּרְעוּתָא לְמִבְרֵי עָלְמָא וְהֲוָה רָשִׁים וּבְנֵי וְלָא קַיְּימָא, עַד דְּאִתְעַטַּף בְּעֲטוּפָא חַד דְּזִיהֲרָא וּבָרָא עָלְמָא. וְאַפִּיק אַרְזִין עִלָּאִין רַבְרְבִין מֵהַהוּא נְהוֹרָא זִיהֲרָא עִלָּאָה, וְשַׁוִּי רְתִיכוּ עַל תְּרֵין וְעֶשְׂרִין אַתְוָון רְשִׁימִין אִתְגְּלִיפוּ בְּעֶשֶׂר אֲמִירָן וְאִתְיַשְּׁבוּ. הֲדָא הוּא דִכְתִיב - מֵעֲצֵי הַלְּבָנוֹן. וּכְתִיב - אַרְזֵי לְבָנוֹן אֲשֶׁר נָטָע.

שָׁעַד שֶׁלֹּא בָּרָא הַקָּדוֹשׁ בָּרוּךְ הוּא אֶת הָעוֹלָם, הָיָה נִסְתָּר בּוֹ שְׁמוֹ, וְלֹא הוּא שְׁמוֹ נִסְתָּר בְּתוֹכוֹ אֶחָד, וְלֹא עָמַד דָּבָר, עַד שֶׁעָלָה בִּרְצוֹן לִבְרֹא עוֹלָם, וְהָיָה רָשׁוּם וּבָנוּי וְלֹא עוֹמֵד, עַד שֶׁהִתְעַטֵּף בְּעִטוּף אֶחָד שֶׁל זֹהַר וּבָרָא עוֹלָם, וְהוֹצִיא אֲרָזִים עֶלְיוֹנִים גְּדוֹלִים מֵאוֹתוֹ הָאוֹר זֹהַר עֶלְיוֹן, וְשָׁם מֶרְכַּבְתּוֹ עַל עֶשְׂרִים וּשְׁתַּיִם אוֹתִיּוֹת רְשׁוּמוֹת, שֶׁנֶּחְקְקוּ בְּעֶשֶׂר אֲמִירוֹת וְהִתְיַשְּׁבוּ. זֶהוּ שֶׁכָּתוּב מֵעֲצֵי הַלְּבָנוֹן, וְכָתוּב - אַרְזֵי לְבָנוֹן אֲשֶׁר נָטָע.

עָשָׂה לוֹ הַמֶּלֶךְ שְׁלֹמֹה, לוֹ לְגַרְמֵיהּ, לוֹ לְתִקּוּנֵיהּ, לוֹ לְאַחֲזָאָה יְקָרָא עִלָּאָה. לוֹ לְאוֹדָעָא דְּאִיהוּ חַד וּשְׁמֵיהּ חַד כְּמָה דְאַתְּ אָמַר - וְיֵדְעוּ כִּי אַתָּה שִׁמְךָ יְיָ לְבַדֶּךָ.

עָשָׂה לוֹ הַמֶּלֶךְ שְׁלֹמֹה. לוֹ - לְעַצְמוֹ, לוֹ - לְתִקּוּנוֹ, לוֹ - לְהַרְאוֹת כָּבוֹד עֶלְיוֹן, לוֹ - לְהוֹדִיעַ שֶׁהוּא אֶחָד וּשְׁמוֹ אֶחָד, כְּמוֹ שֶׁנֶּאֱמַר - וְיֵדְעוּ כִּי אַתָּה שִׁמְךָ יְיָ לְבַדֶּךָ.

עם שכבר פירשתי זה המאמר בחיבורי הגדול[25] אפרשהו עוד כאן
לשלימות הענין, ולמען אכריח ואוכיח עוד בו שיש שם ספירות.

אמר **שהאפריון** האמור בשיר המקודש הוא תיקון שנתקן בו עלמא
תתאה, היא **הכלה**[26] הכלולה מעלמא עילאה, כי מזיו המאורות
העליונות לה, שהוא תיקון עלמא עילאה, נבראו בדוגמתן למטה
ממנה, והם מרכבותיה והיכלותיה והם תיקוניה:

ואמר שקודם אלו השני תיקונין ר"ל קודם האצילות והבריאה, היה
הוא ר"ל **האין סוף** ושמו סתום וגנוז בו, והוא רמז שכתר עליון
שהוא שמו, שהאצילות גנז בו שהוא סוד - **השם**[27] **הגדול**, והשם[28]
הקטן. היה הכל בחביון **אין סוף**, והוה חד באחדות שוה וגמורה,
ולא קיימא מלה בר הוא הוא בלחודוי:

וכפל הוא הוא לומר שהוא מספיק בהיותו בעצמו ולא היה שם אז
שום דבר זולתו, והוא אמרו' - ולא[29] קיימא מלה בר הוא כו', עד
דסליק בזיהרא דמחשבה.

תדע[30] לָא בָּרָא קוּדְשָׁא בְּרִיךְ הוּא עָלְמָא הֲוָה סָתִים שְׁמֵיהּ בֵּיהּ וְלָא
הוּא שְׁמֵיהּ סָתִים בְּגַוֵּיהּ חַד וְלָא קַיְימָא מִלָּה עַד דְּסָלִיק בִּרְעוּתָא
לְמִבְרֵי עָלְמָא וְהֲוָה רָשִׁים וּבָנֵי וְלָא קַיְימָא, עַד דְּאִתְעַטַּף בְּעֲטוּפָא
חַד דְּזִיהֲרָא וּבָרָא עָלְמָא. וְאַפִּיק אַרְזִין עִלָּאִין רַבְרְבִין מֵהַהוּא נְהוֹרָא
זִיהֲרָא עִלָּאָה, וְשַׁוֵּי רְתִיכוּ עַל תְּרֵין וְעֶשְׂרִין אַתְוָון רְשִׁימִין אִתְגְּלִיפוּ
בְּעֶשֶׂר אֲמִירָן וְאִתְיַישְׁבוּ. הֲדָא הוּא דִּכְתִיב מֵעֲצֵי הַלְבָנוֹן. וּכְתִיב –

---

[25] עבודת הקודש חלק א פרק י"ד

[26] **היב"ש** - המלכות נקראת כלה

[27] **היב"ש** - שם הוי"ה ברוך הוא

[28] **היב"ש** - שם אדנ"י

[29] זוהר בראשית כט, א

[30] זוהר בראשית כא, א

אַרְזֵי לְבָנוֹן אֲשֶׁר נָטָע.

לְשׁוֹן' הַזוֹהַר עִם תַּרְגּוּם - שֵׁעָד שֶׁלֹּא בָּרָא הַקָּדוֹשׁ בָּרוּךְ הוּא אֶת הָעוֹלָם, הָיָה נִסְתָּר בּוֹ שְׁמוֹ, וְלֹא הוּא שְׁמוֹ נִסְתָּר בְּתוֹכוֹ אֶחָד, וְלֹא עָמַד דָּבָר, עַד שֶׁעָלָה בְּרָצוֹן לִבְרֹא עוֹלָם, וְהָיָה רָשׁוּם וּבְנוּי וְלֹא עוֹמֵד, עַד שֶׁהִתְעַטֵּף בְּעִטּוּף אֶחָד שֶׁל זֹהַר וּבָרָא עוֹלָם וְהוֹצִיא אֲרָזִים עֶלְיוֹנִים גְּדוֹלִים מֵאוֹתוֹ הָאוֹר זֹהַר עֶלְיוֹן, וְשָׁם מֶרְכַּבְתּוֹ עַל עֶשְׂרִים וּשְׁתַּיִם אוֹתִיּוֹת רְשׁוּמוֹת, שֶׁנֶּחְקְקוּ בְּעֶשֶׂר אֲמִירוֹת וְהִתְיַשְּׁבוּ. זֶהוּ שֶׁכָּתוּב מֵעֲצֵי הַלְּבָנוֹן, וְכָתוּב - אַרְזֵי לְבָנוֹן אֲשֶׁר נָטָע.

שנפשו ורצונו אותה לברא נבראים לפרסם כבודו ואלהותו וייחודו. וקודם שהאציל אצילותו רצה להודיע לבאים אחר כך העומדים בסודו הכרח וחיוב האצילות, וכי לא היה אפשר בריאת העולמות וקיומן כי אם באמצעותו, ולגלות זה העיקר אמר שהיה רושם ובונה במחשבה:

וראה שלא היה אפשר להתקיים בהיות הבריאה נמשכת תחילה מאין סוף, בלא אמצעות אור נאצל מיוחד, יהיה בו מקום ושורש לכל מה שעלה במחשבה לברא וכעניין שכבר כתבתי, וכשראה כך במחשבתו הטהורה אתעטף בעטופא וכו', כעניין - עוטה[31] אור כשלמה. והיא ראשית חכמה, ולמיברי עלמא הוצרך קודם להאציל האצילות העולם מהאי עטופא, שהוא סוד **הלבנון**[32] והוא אמרו ואפיק אילנין ארזין וכו', והם שאמר להלן **ארזי לבנון**, והם סוד ההוי"ת שנאצלו מלבנון, סוד **החכמה** שהיא ראשית האצילות, כי הראשונה נפלאות מלדבר בה כי בה היה הכל, ועליה אמר רבי

---

[31] תהלים קד, ב

[32] **היב"ש** - סוד **לבנון** הוא סוד חכמה ובינה, ל"ב נתיבות חכמה, ו-נו"ן שערי בינה

אלעזר בפרקיו - עד[33] שלא נברא העולם היה הוא ושמו בלבד. וכשהוציא כל למעשהו ולקיומו בו ברא העולם בסוד - הוי"ה[34] בחכמה יסד ארץ כונן שמים בתבונה. ואז נתיישב הכל וקוים מה שלא היה קודם האצילות ועל הדרך שכתבתי. הנה ביאר הכרח הספירות במה שהקדים בזה:

עוד אמר להכריח זה עשה לו - לו לגרמיה לו לתיקוניה לו לאחזאה דאיהו חד ושמיה חד. הנה זה תכלית הביאור להכרח האצילות שהוא מוכרח לפרסם כבודו ואלהותו וזהו תיקונו ולהראות שהוא באחדות שווה וגמורה - **ושהוא ושמו אחד** כמו שהוכיח מאמרו - וידעו[35] כי אתה שמך הוי"ה לבדך עליון על כל הארץ. ומה אאריך עוד וכבר כתבתי בזה הרבה יותר מדי להרים מכשול ולסלק מסלה מאבן נגף לפני - השרידים[36] אשר הוי"ה קורא. ובזה נשלמה הכוונה בזאת השאלה השלישית והרביעית:

---

[33] פרקי דרבי אליעזר הגדול פרק ג
[34] משלי ג, יט
[35] תהלים פג, יט
[36] יואל ג ה

ספר דרך אמונה

ומה ששאלת שאם יוכרח שיש ספירות במה יוכרח שהם עשר ושהוא כח אחד. גם זאת כתבתיה והארכתי בחיבורי[1]. ובכאן ראיתי לרוות בה הצמאה למשוטטים לבקש את דבר הוי"ה עם שכבר כתבתי למעלה בזה מה שהיה בו די. ואמנם אוכיח ואכריח שהם עשר ספירות לא פחות ולא יותר, מן התורה, ומן בריאת העולם הגדול, ומן האדם שהוא עולם קטן, ושהם כח אחד ובאו מאחד ומיוחד. ואמנם מן התורה כי עיקרה **עשר דברות** כנגד עשר ספירות, ולפי שלא היה המניין נשלם בפחות מעשרה היו עשר הדברות לתורה:

ולזה הוצרכו עשר ספירות כדי שיהיו שורש ועיקר להם, כי בפחות לא תשלם הכוונה בתורה ולא תקרא תמימה. ושנינו בספר יצירה - עשר[2] ספירות **בלי מה** מספר עשר אצבעות - חמש כנגד חמש כו'. כלומר חמש ימיניות וחמש שמאליות, כן היו עשר - **עשר דברות** חמש כנגד חמש חמשה בלוח זה וחמשה בלוח זה. והנה הדבור הראשון כנגד **כתר עליון** כולל כל שאר הדברות, כן כתר עליון כולל כל המידות, כי ממנו באו וכולן, היו בחביון **אין סוף**, והנה אלו ואלו באו מכח אחד. הנה היו עשר ספירות ועשר דברות וכולן מכח אחד, אלה מכח דבור ראשון ואלו מכח ראש האצילות מכח, **אין סוף**:

---

[1] עבודת הקודש חלק א פרק י"ג
[2] ספר יצירה פרק א משנה ג

ובמכילתא - את[3] כל בדבור אחד מה שאי אפשר לבשר ודם לומר כן שנאמר - וידבר[4] אלהים את כל הדברים האלה לאמר. אם כן מה תלמוד לומר - אנכי[5] הוי"ה אלהיך אשר הוצאתיך מארץ מצרים מבית עבדים לא יהיה לך אלהים אחרים על פני. מלמד שאמר הקדוש ברוך הוא בדבור אחד עשרת הדברות, חזר ופירשן דבור ודבור בפני עצמו, עד כאן:

הנה אלו כנגד אלו ואלו עדות וראיה על אלו עשרת הדברות על עשר ספירות והן על **עשרת הדברות** עשרה מול עשרה והם **נחקקים** מעשר ספירות שהן שורשיהן למעלה. והנה הדברות עשרה מול עשרה ויש בהם שנוי וחלוף אלו מאלו שיש מהן מן הימין ויש מן השמאל. ועם כל זה הנה היו במחשבה העליונה באחדות שווה וגמורה, ולהורות על זה אמרן בבת אחת בדבור אחד. ולפי שאין הבריות כחן סובל זה הכח העצום בלתי בעל תכלית חזר ופירשן כל אחד בפני עצמו כפי כח הבריות והשגתן. ואם כן מה שאמרן תחילה בדבור אחד להורות ולפרסם אחדותו וכי כולם באו מכח אחד, עם שכשפרטן היו עשרה בהכרח וזה לא מצדו יתברך כי כח אחד ודבור אחד היו כולם בשכלו. וגם כשאמרן הנה היו באחדות ההוא בלי שום שנוי ותמורה:

אבל מצד הבריות שכחן מוגבל ואין שכולם מכיל עניין עצום כזה הוצרך לחזור ולפרטן אחד אחד בפני עצמו, כי באופן הראשון לא היה אפשר ולא היה מקום ועניין לתורה ולא תשלם הכוונה בבריאה. ולהורות על כי מוצא עשר ספירות מוצא עשרת הדברות וכלן מכח אחד התחילו הדברות ב-**א'** וסיימו ב-**ד'**, והסמיך **א"ך**

---

[3] מכילתא יתרו
[4] שמות כ, א
[5] שמות כ, ב

לחשבון **אהי"ה**. עוד באו בעשרת הדברות **תר"ך** אותיות למניין **כתר**:

בחיבורי[6] הגדול הארכתי בזה, ושם כתבתי כי הדבור הראשון כולל כל שאר הדברות, ומזה יתבאר כי הוצרכו להיות עשרה ושכולם כחם כח אחד, להורות על דוגמתם סוד עשר ספירות, שהם עשרה וכולם כח אחד, הרי הכרחתי והוכחתי מן התורה שהספירות הוכרח שיהיו עשרה וכולן כח אחד:

ומן בריאת העולם הגדול. כי נברא **בעשרה מאמרות** ונכללו כולן בפסוק בראשית ואחר כך חלק פרטי הבריאה במאמר מאמר בפני עצמו להורות שהן עשר והעשר כח אחד. ובמדרש[7] - רבי יהודה ורבי נחמיה. **רבי יהודה** אומר בששה ימים נברא כל העולם, שכן כתוב במעשה של כל יום ויום ויהי כן. **רבי נחמיה** אומר ביום ראשון נברא כל העולם, שכן כתוב - ותוצא[8] הארץ דשא עשב מזריע זרע למינהו ועץ עשה פרי אשר זרעו בו למינהו וירא אלהים כי טוב. דבר שהוא פקוד ומוכן בידה מבראשית, משל למה הדבר דומה לאדם שזרע ששה שעורים בבת אחת, זה יצא ביום ראשון, וזה בשני, וזה בשלישי, וכן כולם. דעת רבי יהודה כי כל כח נאצל ביומו ודוגמתו נברא ביום ההוא:

והנה לדעתו ששת ימים עשה הוי"ה את השמים ואת הארץ, כלומר ששה מיני אצילות הם מעשה שמים וארץ כל כח נאצל ביומו והם - סוד שמים וארץ, בהם נשלמו והם סוד הבריאה. **ורבי נחמיה** דקדק העניין יותר ואמר כי הכל נאצל בבת אחת, מעיקר אחד,

---

[6] עבודת הקודש חלק ד' פרק ל"ד
[7] תנחומא ישן בראשית א
[8] בראשית א, יב

ואחר כך כל אחת פעלה מאמר אחת, בפרט עד תשלום עשרה מאמרות, להורות שהמספר עשרה וכחן כח אחד:

ואמנם מן האדם שהוא עולם קטן, מיצירתו יתבאר בבירור כי הספירות עשרה והם כח אחד. כי כבר ידעת כי האדם נעשה לדמות המרכבה העליונה, בעבור יהיה גם הוא מרכבה למרכבה, וכבר הארכתי בזה בחיבורי הגדול[9] וגם בספר תולעת יעקב [בסוד ברכת אשר יצר] כתבתי מזה. והנה הוא נתקן ונעשה לדמיון המרכבה בדמיון זה המוח והגלגלת והלשון כנגד שלשה ראשונות. **הגדולה והגבורה** משל לזרועות האדם, **והתפארת** משל לגוף. והתפארת עולה עד עולם ה-**לבן**[10], במשל חוט השדרה והנמשך מן המוח. **נצח והוד** משל לשוקים. **יסוד עולם** משל לאבר המוליד, ובו המילה **י'** זעירא, והוא הלוקט הזרע מכל האיברים ומריק בלויה[11] שלו, ובההוא שלם באחדות שלמה, כי היא שלמות אדם ושלמות השם דכתיב - זכר[12] ונקבה בראם ויברך אתם ויקרא את שמם אדם ביום הבראם. וכתיב - על[13] כן יעזב איש את אביו ואת אמו ודבק באשתו והיו לבשר אחד:

הנה יצירת האדם נרמזת בעשר ספירות. וכבר ידעת כי כל אלו החלקים באו מכח אחד. כי הנה הוית האדם באה מנקודה אחת, והיא הטפה הזרעית הדומה לגולם **י'** בתחילת יצירתה, וטיפה זו מתחלקת בכח האויר שבה לעשר חלקים והם האיברים הפשוטים, ומאלה הפשוטים נתרככו כל שאר האיברים שבאדם, ובהם הוא

---

[9] עבודת הקודש חלק א פרק י"ז

[10] **היב"ש - לבן** הוא רמז לחכמה ובינה, בסוד **ל"ב** נתיבות חכמה, ו-**נ'** שערי בינה.

[11] **היב"ש** - אישתו

[12] בראשית ה, ב

[13] בראשית ב, כד

אדם שלם עולם קטן לדמות העולם הגדול, והוא מעיד על העולם
ההוא הנעלם - **סוד עשר ספירות**, שהם עשרה ובאו **מכח אחד**.
כי הנה מן ה-**י'** שהיא נקודה נתפשטו ונאצלו **עשר ספירות** כמו
שאבאר עוד בס"ד, והם בדמיון האיברים הפשוטים שנתהוו באדם
מן הטיפה שהיא לדמות נקודה כמו שכתבתי. הרי הכרח גמור כי
הספירות עשרה ובאו מכח אחד מיוחד:

עוד הכרח לזה ממה שכתב הרבי עזריאל ז"ל מקבלת הרב ז"ל רבי
יצחק סגיא נהור וז"ל, הוסיף השואל לשאול הכרחת שיש ספירות
אבל במה תכריח שהם עשרה שהוא כח אחד:

תשובה - כבר הודעתיך כי הספירות הם ראש ותחילה לכל הבא
בגבול. וכל הבא בגבול נגדר בעצם ובמקום, שאין עצם בלי מקום
ואין מקום אלא מאמצעות העצם, ואין לפחות מן העצם כח שלש
בארך וכן ברוחב וכן בעובי הם תשע. ולפי שאין העצם מתקיים
בלי מקום ולא המקום בלי עצם שאין המקום אלא מכח העצם אין
המספר שלם בעצם ובמקום בפחות מעשר ולכך נאמר - עשר[14]
ולא תשע. ולפי שאין אנו צריכים אלא להשלים המספר בעשר
שהוא נגדר בעצם ובמקום נאמר - עשר[15] ולא אחת עשר. כי כמו
ששלוש עולים לתשע. כן הארבע שהוא מקום אל השלוש עולה
לשישה עשר, אך דינו בעשר, לרמוז שהמקום מכח העצם אינם
אלא כח אחד, כי אין לפחות מן האחד כח שלוש העולה לנו
המתקיים בהיקפו[16] שהוא רביעי אל השלוש שממנו כח עשר, עד

---

14 ספר יצירה פרק א משנה ג - עשר ספירות בלימה **עשר ולא תשע** עשר
ולא אחת עשר.
15 ספר יצירה פרק א משנה ג - עשר ספירות בלימה עשר ולא תשע **עשר**
ולא אחת עשר.
16 **היב"ש** - הקיפו הוא חיבור אותיות א' ב' ג' עם ד' הם עשר. עיין בספר -
סוד יוסף בהוצאת שמחת חיים.

כאן:

והעניין כי **האין סוף** שהוא בבלי גבול ובלי תכלית, האציל נקודה אחת בעלת גבול ושיעור לצורך הנבראים וכמו שכתבתי:

והנקודה הזאת הואיל ובאה בגבול יש לה - **ראש תוך וסוף**, וכל אחד מאלו השלוש קצוות כלול מהשלוש. כי **בראש** יש תוך וסוף. וכן **בתוך** וכן **בסוף**, נמצא שבעניין זה עולים השלוש לתשע, כשנכה[17] זה בזה, והמקום הסובלם הרי עשרה וכולם באו מנקודה אחת, נמצא כח אחד והמספר עשרה:

והנקודה הזאת היא **ל'** שבשם[18] שהיא אחת, ומספרה עשרה, ולזה האצילה **עשר ספירות** כלומר נתפשטה למספר זה, והוא סוד האצילות הקדוש שהוא עשר ספירות הבא מכח אחד מיוחד. ולהורות על כי כל אחד משלוש אלה כלול מהשלוש, באה הקבלה בציור הספירות **שלוש גלגולים**, בכל גלגול שלוש ספירות, שהם שלוש של שלוש שלוש. וכל גלגול ציורו לדמות סגול, זולת שלש ראשונות, שהם לדמות סגולתא, נמצא תשע, והכח הכללי המחובר מכולן הרי **עשרה** וכח אחד לכולן, שהוא כח ה-**י'** שנאצלו ממנה, הרי לך הכרח גמור - **שהספירות עשרה וכחן כח אחד**, ובזה נשלמה הכוונה בזאת:

---

¹⁷ **היב''ש** - הכאה הוא כאשר מכפילים את האות באותה אות, או באות אחרת מאותה תיבה. עיין בספר - **סוד יוסף** בהוצאת שמחת חיים.

¹⁸ **היב''ש** - שם הוי''ה ברוך הוא.

כתר

בינה   חכמה

גבורה   גדולה

תפארת

הוד   נצח

יסוד

מלכות

ספר דרך אמונה

ומה ששאלת מניין שהספירות נאצלות, ולא נבראות כשאר הנבראים. עם שממה שכתבתי ופירשתי בשאלה השנייה במאמר רבי מאיר, וגם במאמר[1] - אפריון[2] עשה לו המלך שלמה מעצי הלבנון. יספיק לתשובת שאלה זה והותר, אוסיף עוד שנית ידי עד שיתברר העניין יפה יפה ולא יישאר בזה שום פקפוק, ותחילה אעירך על קבלת הרבי עזריאל ז"ל בזה, וזה לשונו:

הוסיף השואל לשאול היאך תאמר שהספירות נאצלות, אני אומר שהיו נבראות כשאר הנבראים:

תשובה כבר הודעתיך כי **אין סוף** שלם, מבלי חיסרון, והפועל המתחיל להימצא ממנו תחילה, ראוי להיות שלם, ולכך היה כח האצילות ראוי להיות תחילה לכח הבריאה, כי כח האצילות הוא עיקר לבריאת הנבראים, שאם לא היה כח האצילות שנוטלין ממנו ואינו חסר, היאך היינו מכירים שפע השלמות הבא **מאין סוף**, והיאך היה כח הספירות הנאצל **מאין סוף** שלם לקבל ולהשפיע לכל הצריכים מבלי שיחסר, כי כל בריה כשנוטלין ממנה תתחסר ותתמעט, עד כאן:

והעניין לומר כי הטוען שהספירות נבראות חלילה, נופל במה שברחנו ממנו תחילה, והוא שאין ליחס לאין סוף שום חיסרון כלל, ואם אתה אומר שהדבר המתחיל להימצא ממנו הוא נברא, הנה זה

---

[1] זוהר בראשית טו, א
[2] שיר השירים ג, ט

הטלת מום בקדשים וחיסרון כח הבא מאין סוף תחילה, ואין בזה
הפרש בין נברא רוחני לנברא גשמי, שהרי הנברא רוחני חסר, כי
מלבד שהוא עלול הוא נפרד, וזה חיסרון בערך האין סוף יתברך
ואין ליחסו לו. ואם כן ראוי להאמין כי הפועל המתחיל להימצא
ממנו תחילה הוא בתכלית השלמות והוא שיהיה דומה לו מכל צד,
וזהו האצילות שהוא האלהות שאין בין המאציל והנאצל, כי אם
שזה עלה וזה עלול אבל הם באחדות שווה וגמורה שאם נאצל לא
נפרד:

ובספר התיקונין[א] - עשר[3] ספירות דאצילות מלכא בהון איהו
וגרמיה חד בהון איהו וחייו חד בהון מה דלאו הכי בעשר ספירות
דבריאה דלאו אינון וחייהון חד לא אינון וגרמיהון חד, עד כאן.

דְּעֶשֶׂר סְפִירוֹת דַּאֲצִילוּת מַלְכָּא בְּהוֹן, אִיהוּ וְגַרְמֵיה חַד בְּהוֹן, אִיהוּ
וְחַיָּינִי חַד בְּהוֹן, מָה דְּלָאו הָכִי בְּעֶשֶׂר סְפִירוֹת דִּבְרִיאָה, דְּלָאו אִינוּן
וְחַיֵּיהוֹן חַד, לָאו אִינוּן וְגַרְמֵיהוֹן חַד.
לְשׁוֹן[א] הַזֹּהַר עִם תַּרְגּוּם - שֶׁעֶשֶׂר סְפִירוֹת שֶׁל הָאֲצִילוּת,
הַמֶּלֶךְ בָּהֶם, הוּא וְעַצְמוֹ אֶחָד בָּהֶם, הוּא וְחַיָּיו אֶחָד בָּהֶם,
מַה שֶׁאֵין כֵּן בְּעֶשֶׂר הַסְּפִירוֹת שֶׁל הַבְּרִיאָה, שֶׁהֵם וְחַיֵּיהֶם
אֵינָם אֶחָד, שֶׁהֵם וְעַצְמָם אֵינָם אֶחָד.

הרי לך בביאור שהאצילות מיוחד והבריאה נפרד. נמצא אם כן
שהפועל המתחיל להימצא מאין סוף הוא האצילות שהוא האלהות:

עוד יש להכריח שהספירות נאצלות ממה שקבלו חכמי הקבלה
ע"ה, וכפי מה שבא זה בפירוש בספריהם, ובפרט בספרי הזוהר,
שכוונת הייחוד וכוונת התפילות והקורבנות והמצות אל הספירות

____

[3] תיקוני הזוהר, הקדמה ג, ב

כמו שידעת וכמו שכתבתי בחיבורי הגדול[4], ובספר תולעת יעקב. ואילו היו נבראות ח"ו היה כל זה אסור שהיה עבודה ללא אלהי אמת, ועבודה זרה, וקצוץ נטיעות, ולפי שהארכתי באמת זה בחיבורי, לא ראיתי להאריך פה והרוצה לעמוד על האמת בזה יעיין שם:

ואם אולי יסופק לך אמרו כי כל בריה כשנוטלין ממנה תתחסר ותתמעט, ותאמר הרי אנו רואים השמש והירח ושאר הכוכבים המשפיעים באלו, הנמצאות ואינן חסרים בזה עם שהם נבראים, וכל שכן הרוחניים העליונים, ר"ל המלאכים:

התר זה הספק ראיתי כתוב בזה הלשון בעין השכל, נמצא כי הן בתנועתם החזקה הם מעתיקים מצבם ומבטם עת אחר, עת ובהעתק ההוא חוזרים ומקבלים שפע מי"ב מזלות כל פעם ופעם. וגם הם מתנועעים לקבל שפע מסבותיהן ולסיבות ההן סיבות עד שעולין לקבל מן הספירות ואז הספירות הן עולם הייחוד בלי פרוד, ואינן מתנודדות כלל לצאת חוץ לעצמם ונקשרות באין סוף שהוא המקום השופע בתוכם באין גבול, ועל ידי הספירות נסדר השפע להוריד למטה בנבראים בדין ישר במידה במשקל, עד כאן. ודי במה שכתבתי בהכרח שאלה זו עם מה שכתבתי בשאלות שקדמו, כי כבר הארכתי בחיבורי יעויין שם, ובזה נשלמה הכוונה בזאת השאלה זו:

---

[4] עבודת הקודש חלק א פרק ה

ספר דרך אמונה

ומה ששאלת היאך נוכל לומר כי הוא אחד והמספר עשרה המתאחדים בו כו'. גם בזו אשמיעך תחילה דברי הרב רבי עזריאל, ז"ל - כבר הודעתיך כי האחד יסוד הדברים ואין כח מתחדש בהם אלא ממנו, והוא יותר מהם, וכל אחד יותר על חברו של מטה ממנו. וכח זה בזה כח הראשון, כח כולם, וכח כולם אינו אלא כח הראשון, אף על פי שהאחד הוא יותר על כולם, שאין בפרט אלא מה שבכלל. והמשל בזה הזיק והאש והשלהבת והגוונין, שהם עיקר אחד, אף על פי שהם משתנים בהתחלק חלקיהם, עד כאן:

כבר הודעתיך כי הנקודה והיא **י'** נאצלה תחילה בעלת גבול ושעור לצורך הנבראים, ונתפשטה לעשר ספירות כמספרה עשר. הנה שכל העשר היו בה כמוסים וגנוזים. וכשנגלו ונאצלו ממנה, הנה לא נתחדש בהם כח זולתי כחה, כי היא יסודם ואין כחם אלא ממנה, והיא יותר מהם כי היא קדמה להם ובה היו כולם כי היא כללם, ולפיכך כל שנאצלה ראשונה היא יותר על האחרת שלמטה ממנה מן הטעם עצמו, ואם כן כח זה בזה, וכח ה-**י'** שהיא הראשונה הוא כח כולם, ולפי שנשארו קשורים בה בייחוד אחד לזה כח כולם הוא כח ראשון, ואין בפרט שהוא האצילות אלא מה שבכלל שהוא המאציל:

ולהורות על זה באה ה-**י'** מלובשת כך - **יו"ד** לגלות על המאציל, ומה שהאציל מכחו **י'** הוציא **ו"ד**, והוא הוא אלא שנתגלה ונתרבה יותר אחר האצילות, אבל לא נפרדו שהרי **ו"ד** לחשבון עשר והם

היא, והיא הם ו"ד יצאו מן ל', וסודו ה' אות אחת למספר עשר,
להורות על הנאצלים ממנה ו"ד, ו' ששה קצוות, ד' רגל רביעית
דל"ת שבאחד' וסוד הכל ה' והיא עשר שיצאו כולם ממנה ונשארו
בה בקשר וייחוד אחד. נמצא שהנאצל מורה על המאציל שהוא
הוא ואין כחו אלא ממנו שכחו מתפשט בכולם ובזה ייחודם שלם:

ובספר הזוהר[1] - אמרו[1] בזה הלשון, רבי אבא אמר חמינא דהא
שמא קדישא כלא הוא שלום וכלא חד דאורחין מתפשטים להאי
סטר ולהאי סטר. **י'** דשמא קדישא אתקשר בתלת קשרין, בגין
דהא **י'** קוצא חד לעילא וקוצא חד לתתא וחד באמצעיתא בגין
דתלת קשרין אשתלשלו בה. חד קוצא לעילא דא הוא עילאה מכל
עילאין לאחזאה **כתרא** עילאה דהוא רישא דכל רישין והוא קאים
על כלא. חד קוצא באמצעיתא דא הוא רישא אחרא בגין ד-**י'** תלת
רישין, הוא וכל חד וחד רישא בלחודוי ועל דא קוצא דאמצעיתא,
דא הוא רישא אחרא דנפיק מקוצא דלעילא, והוא רישא לכל שאר
רישין, לאתבנאה שמא קדישא, ודא ריש סתימאה דכלא. ריש
אחרא תתאה הוא רישא לאשקאה לגנתה והוא מבועה דמיין דכל
נטיעאן אתשקיין מניה ודא הוא **י'** כתלת קשרין ועל דא שלשלת
איקרי כהא שלשלא דאתקשר דא בדא וכלא חד:

רִבִּי[2] אַבָּא אָמַר, חֲמֵינָא דְּהַאי שְׁמָא קַדִּישָׁא עִלָּאָה כֹּלָּא הוּא שָׁלוֹם,
וְכֹלָּא חַד. וְאָרְחָן מִתְפָּרְשָׁאן לְהַאי סִטְרָא, וּלְהַאי סִטְרָא. יוֹ"ד דְּשְׁמָא
קַדִּישָׁא אִתְקְשַׁר בִּתְלַת קְשָׁרִין, בְּגִין דָּא, הַאי **י'**, קוֹצָא חַד לְעֵילָּא,
וְקוֹצָא חַד לְתַתָּא, וְחַד בְּאֶמְצָעִיתָא. בְּגִין דִּתְלַת קְשָׁרִין אִשְׁתַּלְשָׁלוּ
בָּהּ חַד קוֹצָא לְעֵילָּא, כִּתְרָא עִלָּאָה, דְּהוּא עִלָּאָה מִכָּל עִלָּאִין, רֵישָׁא

---

[1] זוהר חלק ג י, ב
[2] זוהר ויקרא י, ב

דְּכָל רֵישִׁין, וְהוּא קָאִים עַל כֹּלָּא. חַד קוֹצָא בְּאֶמְצָעִיתָא, דְּהוּא רֵישָׁא אָחֳרָא. בְּגִין דִּתְלַת רֵישִׁין הֲווֹ, וְכָל חַד וְחַד רֵישָׁא בִּלְחוֹדוֹי. וְעַל דָּא קוֹצָא דְּאֶמְצָעִיתָא, דָּא הוּא רֵישָׁא אָחֳרָא, דְּנָפִיק מְקּוֹצָא דִּלְעֵילָּא, וְהוּא רֵישָׁא לְכָל שְׁאַר רֵישִׁין, לְאִתְבַּנָּאָה שְׁמָא קַדִּישָׁא, וְהַאי רֵישָׁא סְתִימָא דְּכֹלָּא. רֵישָׁא אָחֳרָא תַּתָּאָה, הוּא רֵישָׁא לְאַשְׁקָאָה לְגִנְתָּא, וְהוּא מַבּוּעַ דְּמַיִין, דְּכָל נְטִיעָן אִשְׁתַּקְיָין מִנֵּיהּ. וְדָא הוּא י' בִּתְלַת קִשְׁרִין. וְעַל דָּא שַׁלְשֶׁלֶת אִקְרֵי. כְּהַאי שַׁלְשֶׁלֶת, דְּאִתְקַשָּׁר דָּא בְּדָא, וְכֹלָּא חַד.

לָשׁוֹן[ב] הַזֹּהַר עִם תַּרְגּוּם - רַבִּי אַבָּא אָמַר, רָאִיתִי שֶׁהַשֵּׁם הָעֶלְיוֹן הַקָּדוֹשׁ הַכֹּל הוּא שָׁלוֹם, וְהַכֹּל אֶחָד, וְהַדְּרָכִים נִפְרָדוֹת לַצַּד הַזֶּה וְלַצַּד הַזֶּה. יוֹ"ד שֶׁל הַשֵּׁם הַקָּדוֹשׁ קְשׁוּרָה בִּשְׁלֹשָׁה קְשָׁרִים, מִשּׁוּם זֶה הַ-י' הַזּוֹ, קוֹץ אֶחָד לְמַעְלָה, וְקוֹץ אֶחָד לְמַטָּה, וְאֶחָד בָּאֶמְצַע. מִשּׁוּם שֶׁשְּׁלֹשָׁה קְשָׁרִים הִשְׁתַּלְשְׁלוּ בָהּ, קוֹץ אֶחָד לְמַעְלָה, כֶּתֶר עֶלְיוֹן, שֶׁהוּא עֶלְיוֹן מֵעַל כָּל הָעֶלְיוֹנִים, הָרֹאשׁ שֶׁל כָּל הָרָאשִׁים, וְהוּא עוֹמֵד עַל הַכֹּל. קוֹץ אֶחָד בָּאֶמְצַע, שֶׁהוּא רֹאשׁ אַחֵר. מִשּׁוּם שֶׁהָיוּ שְׁלֹשָׁה רָאשִׁים, וְכָל אֶחָד וְאֶחָד רֹאשׁ לְבַדּוֹ. וְלָכֵן הַקּוֹץ שֶׁל הָאֶמְצַע זֶהוּ רֹאשׁ אַחֵר שֶׁיּוֹצֵא מֵהַקּוֹץ שֶׁלְּמַעְלָה, וְהוּא רֹאשׁ שֶׁל כָּל שְׁאַר הָרָאשִׁים שֶׁיִּבָּנֶה מִמֶּנּוּ הַשֵּׁם הַקָּדוֹשׁ, וְהָרֹאשׁ הַזֶּה הוּא נִסְתָּר שֶׁל הַכֹּל. רֹאשׁ אַחֵר תַּחְתּוֹן, הוּא רֹאשׁ לְהַשְׁקוֹת אֶת הַגַּן, וְהוּא מַעְיַן הַמַּיִם שֶׁכָּל הַנְּטִיעוֹת מְשְׁקוֹת מִמֶּנּוּ. וְזֶהוּ י' בִּשְׁלֹשָׁה קְשָׁרִים, וְלָכֵן נִקְרֵאת שַׁלְשֶׁלֶת, כְּמוֹ הַשַּׁלְשֶׁלֶת הַזּוֹ שֶׁנִּקְשְׁרָה זֶה בָּזֶה, וְהַכֹּל אֶחָד.

יתאנא[3] בְּסִפְרָא דַחֲנוֹךְ בְּשַׁעֲתָא דְּאַחֲזִיאוּ לֵיהּ רָזִין עִילָּאִין וְחַמָּא אִילָנָא דְּגִנְתָּא דְעֵדֶן אִתְחֲזִיאוּ לֵיהּ חָכְמְתָא דָּא עִילָּאָה וְחָזָא דְכֻלְּהוּ

---

3 זוהר חלק ג י, ב

עלמין מתקשרין דא בדא, ושאל לון על מה קיימין ואמרי ליה דעל
י' קיימי כלהו ומניה אתבניאו ואשתלשלו וחמא דכלהו מזדעזעאן
מדחילו ד-י' ועל שמיה איקרון כלהו. וספרא דשלמא מלכא אמר
מכוון ד-י' בקטפורא דתלתא דכלילן בקוטפון דגופיה חד דחילו
דכלא. חד סתים שבילין. חד נהר עמיקין:

תָּאנָא[4] בְּסִפְרָא דַּחֲנוֹךְ, בְּשַׁעֲתָא דְּאַחֲזִיאוּ לֵיהּ חָכְמְתָא דְּרָזִין עִלָּאִין,
וְחָמָא אִילָנָא דְּגִנְתָּא דְּעֵדֶן, אַחְזִיוּ לֵיהּ חָכְמְתָא, בְּרָזָא עִלָּאָה. וְחָמָא,
דְּכֻלְּהוּ עָלְמִין הֲווֹ מִתְקַשְּׁרָן דָּא בְּדָא, שָׁאִיל לוֹן, עַל מַה קַיְּמִין. אָמְרוּ
לֵיהּ, עַל י' קַיְּמֵי כֻלְּהוּ. מִנֵּיהּ אִתְבְּנִיאוּ וְאִשְׁתַּלְשָׁלוּ. דִּכְתִּיב - כֻּלָּם
בְּחָכְמָה עָשִׂיתָ. וְחָמָא, דְּכֻלְּהוּ מִזְדַּעְזְעוּ מִדְּחִילוּ דְּמָארֵיהוֹן, וְעַל
שְׁמֵיהּ אִתְקְרוּן כֻּלְּהוּ. וּבְסִפְרָא דִּשְׁלֹמֹה מַלְכָּא אָמַר, מְטוֹן דִּי
בְּקַטְפּוּרָא דִּתְלָתָא, דִּכְלִילָן בְּקִיטְפָּא דְגוּפֵיהּ. חַד דְּחִילוּ דְכֹלָא. חַד
סָתִים שְׁבִילִין. חַד נָהָר עֲמִיקָא.

לְשׁוֹן[ג] הַזֹּהַר עִם תַּרְגּוּם - שָׁנִינוּ בְּסִפְרוֹ שֶׁל חֲנוֹךְ, בְּשָׁעָה
שֶׁהֶרְאוּ לוֹ חָכְמַת הַסּוֹדוֹת הָעֶלְיוֹנִים וְרָאָה אֶת הָאִילָן שֶׁל גַּן
עֵדֶן, הֶרְאוּ לוֹ חָכְמָה בְּסוֹד עֶלְיוֹן, וְרָאָה שֶׁכָּל הָעוֹלָמוֹת הָיוּ
נִקְשָׁרִים זֶה בָּזֶה, שָׁאַל אוֹתָם עַל מָה קַיָּמִים? אָמְרוּ לוֹ, כֻּלָּם
עוֹמְדִים עַל י', מִמֶּנָּה נִבְנוּ וְהִשְׁתַּלְשְׁלוּ, שֶׁכָּתוּב - כֻּלָּם
בְּחָכְמָה עָשִׂיתָ. וְרָאָה שֶׁכֻּלָּם מִזְדַּעְזְעִים מֵאֵימַת רִבּוֹנָם, וְעַל
שְׁמוֹ כֻּלָּם נִקְרָאוּ. וּבְסִפְרוֹ שֶׁל שְׁלֹמֹה הַמֶּלֶךְ אָמַר, הַהַגָּעָה
הִיא בְּשַׁלְשֶׁלֶת שֶׁל שְׁלֹשָׁה שֶׁכְּלוּלִים בְּדֶבֶק וְקֶשֶׁר שֶׁל גּוּפוֹ.
אֶחָד פַּחַד שֶׁל הַכֹּל, אֶחָד סוֹתֵם שְׁבִילִים, וְאֶחָד נָהָר עָמֹק.

לבתר פרט באתוון ביתא בשכלוליה יו"ד ה"א בניינא דכלא
ושלימו דשמא קדישא י' רישא דכלא אב דכלא. ו' דאוליד ונפק
מניה ומניה אשתכח ד' בת מטרוניתא דכל זינין בידהא, אשתכחו

---

[4] זוהר ויקרא י, ב

וטמירא בכלהו עלמין על הא נפקין ועאלין. תתאי מינה אתזנו. הא **יו"ד** שלימו דכלא ושמא קדישא אשתכלל ביה ואשתכח סתים בגויה. לבתר **י'** אפיק כלא ושלשל כלא בקשורא חד דא בדא והא אוקמיה בוצינא קדישא. **י'** אפיק ההוא נהר דכתיב ביה - ונהר[5] יוצא מעדן להשקות את הגן ומשם יפרד והיה לארבעה ראשים. כגוונא **ה'** וההוא נהר אפיק תרין בנין כמה, דאיתמר ומניה אתזנו לבתר נפקין תרין וברתא אתזנת, מבן דא **ו'** הא בן הא מלכא דשלמא כלא דיליה לבתר אישתכח **ה'** דאתזנת מן **ו'** והא אוקמוה אשתכח **ד-י'** עיקרא ושורשא ושלימו דכלא, הדא הוא דכתיב - בחכמה[6] יבנה בית. עד כאן:

לְבָתַר[7] פָּרִיט בְּאַתְוָון, בֵּיתָא בְּשַׁכְלוֹלֵיה **יוֹ"ד הֵ"א**. בְּנָיְינָא דְכֹלָּא. שְׁלִימוּ דְשְׁמָא קַדִּישָׁא **י'** רֵישָׁא דְכֹלָּא, אָב לְכֹלָּא. **ו'** בֵּן דְּאוֹלִיד וְנָפִיק מִנֵּיה. וּמִנֵּיה אִשְׁתְּכַח **ד'**, בַּת. מַטְרוֹנִיתָא דְּכָל דִּינִין בִּידָהָא אִשְׁתְּכָחוּ טְמִירָא בְּכֻלְּהוּ עָלְמִין, דְּעֵלָּאִין נָפְקִין, וְעֵלָּאִין וְתַתָּאִין מִנָּה אִתְזָנוּ. הָא **יוֹ"ד** שְׁלִימוּ דְכֹלָּא, וּשְׁמָא קַדִּישָׁא אִשְׁתְּכָלַל בֵּיה, וְאִשְׁתְּכַח סָתִים בְּגַוֵּיה. בָּתַר **יוֹ"ד** אַפִיק כֹּלָּא, וְשִׁלְשֵׁל כֹּלָּא בְּקִשׁוּרָא חֲדָא, דָּא בְּדָא. וְהָא אוּקְמֵיה בּוּצִינָא קַדִּישָׁא, **י'** אַפִיק הַהוּא נָהָר, דִּכְתִיב בֵּיה - וְנָהָר יוֹצֵא מֵעֵדֶן לְהַשְׁקוֹת אֶת הַגָּן. דָּא **ה'**, רָזָא דְּבִינָה, וְהִיא אִימָא עֵלָּאָה. וְהַהוּא נָהָר, אַפִיק תְּרֵין בְּנִין, כְּמָה דְּאִתְּמַר. וּמִנָּה אִתְזָנוּ. לְבָתַר נָפְקִין תְּרֵין בְּנִין, וּבְרַתָּא אִתְּזָנַת מִבֵּן, דָּא **ו'**, הָא בֵּן הַאי מַלְכָּא דִשְׁלָמָא כֹּלָּא דִילֵיה, רָזָא דְּתִפְאֶרֶת. וּלְבָתַר אִשְׁתְּכַח **ה'**, דְּאִתְּזָנַת מִן **ו'**. וְהָא אוּקְמֵיה. אִשְׁתְּכַח, דִּי' עִקָּרָא וְשָׁרְשָׁא וּשְׁלִימוּ דְכֹלָּא. הָדָא הוּא דִכְתִיב, - בְּחָכְמָה יִבָּנֶה בָּיִת.

לָשׁוֹן[ג] הַזוֹהַר עִם תַּרְגּוּם - אַחַר כָּךְ פֵּרַט בָּאוֹתִיּוֹת, הַבַּיִת

---

[5] בראשית ב, י

[6] משלי כד, ג

[7] זוהר ויקרא י, ב

בְּשֶׁכְלוּלוֹ יוֹ"ד הֵ"א, הַבִּנְיָן שֶׁל הַכֹּל. שְׁלֵמוּת הַשֵּׁם הַקָּדוֹשׁ י' רֹאשׁ שֶׁל הַכֹּל, אָב לַכֹּל. ו' הַבֵּן שֶׁהוֹלִיד וְיָצָא מִמֶּנּוּ, וּמִמֶּנּוּ נִמְצָא ד', בַּת. הַגְּבִירָה שֶׁכָּל הַדִּינִים בְּיָדֶיהָ נִמְצָאִים, טְמִירָה בְּכָל הָעוֹלָמוֹת, שֶׁעֶלְיוֹנִים יוֹצְאִים, וְעֶלְיוֹנִים וְתַחְתּוֹנִים נִזּוֹנִים מִמֶּנָּה. הֲרֵי יוֹ"ד שְׁלֵמוּת הַכֹּל, וְהַשֵּׁם הַקָּדוֹשׁ נִתְקַן בּוֹ, וְנִמְצָא נִסְתָּר בְּתוֹכוֹ. אַחַר כָּךְ יוֹ"ד הוֹצִיאָה הַכֹּל, וְשִׁלְשְׁלָה הַכֹּל בְּקֶשֶׁר אֶחָד זֶה עִם זֶה. וַהֲרֵי בְּאַרְבָּעָה הַמְּנוֹרָה הַקְּדוֹשָׁה, י' הוֹצִיאָה אוֹתוֹ הַנָּהָר, שֶׁכָּתוּב בּוֹ - וְנָהָר יֹצֵא מֵעֵדֶן לְהַשְׁקוֹת אֶת הַגָּן. זוֹ ה', סוֹד הַבִּינָה, וְהִיא הָאֵם הָעֶלְיוֹנָה. וְאוֹתוֹ נָהָר מוֹצִיא שְׁנֵי בָנִים, כְּמוֹ שֶׁנִּתְבָּאֵר, וּמִמֶּנָּה נִזּוֹנִים. אַחַר כָּךְ יוֹצְאִים שְׁנֵי בָנִים, וְהַבַּת נִזּוֹנִית מִבֵּן, זֶה ו', הֲרֵי בֵּן הַמֶּלֶךְ הַזֶּה שֶׁהַשָּׁלוֹם כֻּלּוֹ שֶׁלּוֹ, סוֹד שֶׁל תִּפְאֶרֶת. וְאַחַר כָּךְ נִמְצֵאת ה' שֶׁנִּזּוֹנִית מִן ו', וַהֲרֵי פֵּרַשְׁנוּהָ. נִמְצָא שֶׁ-י' עִקָּר וְשֹׁרֶשׁ וּשְׁלֵמוּת הַכֹּל. זֶהוּ מַה שֶּׁכָּתוּב - בְּחָכְמָה יִבָּנֶה בָּיִת.

וְעִם שֶׁהַמַּאֲמָר מְבוֹאָר בְּמַה שֶׁכָּתַבְתִּי לְמַעְלָה. עוֹד רָאִיתִי לְחַדֵּשׁ בּוֹ קְצָת לְהוֹעִילְךָ. שְׁמָא קַדִּישָׁא כֻּלָּא הוּא שָׁלוֹם וְכוּ'. דַּע כִּי שָׁלוֹם הַנַּחְתּוֹ וּמַשְׁמָעוֹ הוּא הַסְכָּמָה וְקֶשֶׁר הַדְּבָרִים וְיִחוּדָם וְהוּא חוּט הַמְּחוֹרָז וּמְחַבֵּר וְאוֹתִיּוֹת הַשֵּׁם הַקָּדוֹשׁ, שֶׁכָּל הַהֲוָיֹ"ת כְּלוּלוֹת בּוֹ, הִנֵּה הוּא מְקַשְּׁרָם וּמְיַחֲדָם וְלָזֶה נִקְרָא הַשֵּׁם הַמְּיֻחָד, וּכְמוֹ שֶׁאָמְרוּ חֲזַ"ל - שְׁמִי[8] הַמְּיֻחָד לִי וְלָזֶה נִקְרָא שָׁלוֹם. שֶׁנֶּאֱמַר - וַיִּקְרָא[9] לוֹ הֲוָיָ"ה שָׁלוֹם עַד הַיּוֹם הַזֶּה עוֹדֶנּוּ בְּעָפְרָת אֲבִי הָעֶזְרִי. וְאָמְרוּ[10] שְׁמוֹ שֶׁל הַקָּדוֹשׁ בָּרוּךְ הוּא שָׁלוֹם:

---

[8] סוטה לח, א

[9] שופטים ו', כד

[10] ויקרא רבה ט, ט

והנה **יסוד עולם** בפרט נקרא שלום, על שהוא מקשר הלוויה שלו
עם העליונים לו, ומסכים בין הכל, ומחברם בדמות הברית באדם
שהוא מחבר ומייחד זכר ונקבה, ולזה נקרא בספר הזוהר[ד] -
שלמא[11] דביתא שלמא דמטרוניתא.

שְׁלָמָא[12] דְּבֵיתָא, שְׁלָמָא דְּמַטְרוֹנִיתָא.
לשון[ד] הזוהר עם תרגום - שְׁלוֹם הַבַּיִת, שְׁלוֹם הַגְּבִירָה.

והיינו דאמר רבי על מטיל שלום - קא[13] בכינא. הנה מבואר כי מלת
שלום משמע קשר והסכמה וחבור וייחוד הדברים כולם:

ולפי שהשם קדוש ונורא, מייחד כל ההוי"ת וכוללן, כמו שידעת
נקרא **שלום**, ולזה אמר רבי אבא - כלא הוא שלום וכלא חד:

ואמרו[טי] - דאורחין[14] מתפשטין להאי סטר ולהאי סטר.

וְאָרְחָן[15] מִתְפָּרְשָׁאן לְהַאי סִטְרָא, וּלְהַאי סִטְרָא.
לשון[טי] הזוהר עם תרגום - וְהַדְּרָכִים נִפְרָדוֹת לַצַּד הַזֶּה וְלַצַּד
הַזֶּה.

הכוונה על התפילות שטות המחשבה לדברים הפכים, ימין ושמאל,
ושאר ההפוכים, אמר שכל זה שלמות והשם הנקרא - **שלום** מייחד
כל ההפוכים ובו והיו לאחדים, וזהו השלום וההסכמה שנמשך
ממנו, בהיותו כולל כל ההוי"ת המתפשטים לדברים הפכים

---

[11] זוהר חלק ג לא, א
[12] זוהר צו לא, א
[13] ברכות ה, ב
[14] זוהר חלק ג י, ב
[15] זוהר ויקרא י, ב

וּמְיַחֲדָם, וּמְסַכֵּם בֵּינֵיהֶם וּמַשְׁלִימָם:

טז' דִּשְׁמָא קַדִּישָׁא אִתְקְשַׁר בִּתְלַת קִשְׁרִין.   ל

יו"ד[16] דִּשְׁמָא קַדִּישָׁא אִתְקְשַׁר בִּתְלַת קִשְׁרִין, בְּגִין דָּא, הַאי י', קוֹצָא חַד לְעֵילָא, וְקוֹצָא חַד לְתַתָּא, וְחַד בְּאֶמְצָעִיתָא. בְּגִין דִּתְלַת קִשְׁרִין אִשְׁתַּלְשָׁלוּ בָּהּ חַד קוֹצָא לְעֵילָא, כִּתְרָא עִלָּאָה, דְּהוּא עִלָּאָה מִכָּל עִלָּאִין, רֵישָׁא דְּכָל רֵישִׁין, וְהוּא קָאִים עַל כֹּלָּא.

לְשׁוֹן[טז] הַזֹּהַר הַשָּׁלֵם עִם תַּרְגּוּם - יו"ד שֶׁל הַשֵּׁם הַקָּדוֹשׁ קְשׁוּרָה בִּשְׁלֹשָׁה קְשָׁרִים, מִשּׁוּם זֶה הַי' הַזוֹ, קוֹץ אֶחָד לְמַעְלָה, וְקוֹץ אֶחָד לְמַטָּה, וְאֶחָד בָּאֶמְצַע. מִשּׁוּם שֶׁשְּׁלֹשָׁה קְשָׁרִים הִשְׁתַּלְשְׁלוּ בָּהּ, קוֹץ אֶחָד לְמַעְלָה, כֶּתֶר עֶלְיוֹן, שֶׁהוּא עֶלְיוֹן מֵעַל כָּל הָעֶלְיוֹנִים, הָרֹאשׁ שֶׁל כָּל הָרָאשִׁים, וְהוּא עוֹמֵד עַל הַכֹּל.

חַד קוֹצָא בְּאֶמְצָעִיתָא, דְּהוּא רֵישָׁא אָחֳרָא. בְּגִין דִּתְלַת רֵישִׁין הֲווֹ, וְכָל חַד וְחַד רֵישָׁא בִּלְחוֹדוֹי. וְעַל דָּא קוֹצָא דְּאֶמְצָעִיתָא, דָּא הוּא רֵישָׁא אָחֳרָא, דְּנָפִיק מִקּוֹצָא דִּלְעֵילָא, וְהוּא רֵישָׁא לְכָל שְׁאָר רֵישִׁין, לְאִתְבַּנְהָא שְׁמָא קַדִּישָׁא, וְהַאי רֵישָׁא סְתִימָא דְּכֹלָּא.

קוֹץ אֶחָד בָּאֶמְצַע, שֶׁהוּא רֹאשׁ אַחֵר. מִשּׁוּם שֶׁהָיוּ שְׁלֹשָׁה רָאשִׁים, וְכָל אֶחָד וְאֶחָד רֹאשׁ לְבַדּוֹ. וְלָכֵן הַקּוֹץ שֶׁל הָאֶמְצַע זֶהוּ רֹאשׁ אַחֵר שֶׁיּוֹצֵא מֵהַקּוֹץ שֶׁלְּמַעְלָה, וְהוּא רֹאשׁ שֶׁל כָּל שְׁאָר הָרָאשִׁים שֶׁיִּבָּנֶה מִמֶּנּוּ הַשֵּׁם הַקָּדוֹשׁ, וְהָרֹאשׁ הַזֶּה הוּא נִסְתָּר שֶׁל הַכֹּל.

רֵישָׁא אָחֳרָא תַּתָּאָה, הוּא רֵישָׁא לְאַשְׁקָאָה לְגִנְתָּא, וְהוּא מַבּוּעַ דְּמַיִין, דְּכָל נְטִיעָן אִשְׁתַּקְיָין מִנֵּיהּ. וְדָא הוּא י' בִּתְלַת קִשְׁרִין. וְעַל דָּא שַׁלְשֶׁלֶת אִקְרֵי. כְּהַאי שַׁלְשֶׁלֶת, דְּאִתְקְשַׁר דָּא בְּדָא, וְכֹלָּא חַד.

רֹאשׁ אַחֵר תַּחְתּוֹן, הוּא רֹאשׁ לְהַשְׁקוֹת אֶת הַגָּן, וְהוּא מַעְיַן הַמַּיִם שֶׁכָּל הַנְּטִיעוֹת מֻשְׁקוֹת מִמֶּנּוּ. וְזֶהוּ י' בִּשְׁלֹשָׁה

---

[16] זוהר ויקרא י, ב

קְשָׁרִים, וְלָכֵן נִקְרֵאת שַׁלְשֶׁלֶת, כְּמוֹ הַשַּׁלְשֶׁלֶת הַזּוֹ שֶׁנִּקְשָׁרָה זֶה בָּזֶה, וְהַכֹּל אֶחָד.

בא לבאר התפשטות הנקודה שהיא **י'** שהיא נקודה שבאה בגבול, מבלי גבול, וכל הבא בגבול נגדר בעצם ובמקום, ואין לפחות מן העצם כח שלוש באורך, וכן ברוחב, וכן בעובי, והם תשע. וביאר תחילה השלוש הכוללים הכל שבאו בנקודה שהיא ה-**י'**, ומהם נתפשטו השאר כולם עד תשלום השם המיוחד כמו שיבאר למטה, והכל חוזר אל המקור שהוא ה-**י'** שיצאו ממנו להורות שכח כולם אינו אלא כוחה:

והקדים תחילה שה-**י'** מקושרת כלומר נכללת בשלש קשרים, שהיא אחת כוללת שלוש, כגון זה **י'** קוץ אחד למעלה, וקוץ אחד למטה, וקוץ אחד באמצע, הרי שלוש בגוף אחד. והם רמז ל-**כח"ב** [כתר חכמה בינה] שהם בייחוד אחד במאציל, ומציאותן מספיק לכל השאר, אלא שהוצרך אצילותן בפרט לצורך הבריאה, ולצורך הנבראים כמו שכתבתי, וסיים ואמר - ודא הוא **י'** בתלת קשרין:

ועל דא שלשלת איקרי בהאי - שלשלא דאתקשר דא בדא וכלא חד. שהרי השלשלת שלשה קשרים הוא, וכמו שטבעות השלשלת קשורות ומחוברות זו בזו ונאחזות, מן הטבעת הראשונה וממנה מציאותן, שאלו נפרדה מהם אין להם מציאות כך בכל ההויו"ת נקראו טבעות, וכמו שרמז המאור הקדוש[17] ע"ה בפסוק[18] - לעמת המסגרת תהיין הטבעת לבתים לבדים לשאת את השלחן. והנה כולן משתלשלות ובאות מן הטבעות הגדולה היא ה-**י'** ובלעדיה אין לשאר מציאות, כי כהן אינו אלא כחה, ולפיכך בכוחה

---

[17] המאור הקדוש הוא רשב"י בזוהר חלק א לא, א
[18] תרומה כה, כז

מתקשרים ומתייחדים כולם ואליה שבים. וזה עצמו מתבאר ממה שכתוב בספר חנוך שמאות ה-**י'** נתבנו ויתאחדו כל העולמות, ובו קיומם, ולפיכך היא יראתם. ולפי שאין כחם אלא ממנו, נקראים על שמו, כי הוא קשר כולם, כי התחתונים דוגמת העליונים, וכולם בייחודם מעידים **על שהאחד המציאם ובו קיום כולם.** ואמרו - אתחזיאו ליה חכמתא דא היא חכמת האלהות שהוא האצילות והתפשטות המחשבה מאות **י'**, ומזה נתגלה לו סוד הדברים כולם ועמד על האמת בבריאה וטעמה וסודה מה שאי אפשר בזולת חכמה זו. וממה שכתוב בספרא - דשלמא מלכא חזוק לכל מה שאמר רבי אבא:

ואמרו לבתר פרט באתון ביתא בשכלוליה **יו"ד** הא בניינא דכלא ושלימו דשמא קדישא. אמר כי מאות **י'** נשתכלל ונבנה הבית בית החכמה דכתיב - בחכמה[19] יבנה בית ובתבונה יתכונן:

והחכמה היא **י'** שבשם, וכל האצילות נקרא בית. ו-**יו"ד** הוא הוא בניינא דכלא, כמו שקדם ושלמות השם הקדוש, כי מאות **י'** יצא **ו"ד** שהוא לחשבון **י'** ומורה עליו ובם נשלם כל השם, כי **י'** הוליד והוציא **ו'**, שהם שש קצוות, ו-**ד'** שהיא הבת, והיא המטרונית, שכל תכסיסי המלך שהוא **ה"ו** בידה, שכל מה שבעליונים ובתחתונים נכלל בה, וממנה באו, וממנה ניזונים, הרי **יו"ד** שלמות כל האצילות, ושמא קדישא נכלל בו ואשתכח סתים בגויה. כי בו היה סתום וגנוז.

לבתר **י'** הוציא ממנו ושלשל ממנו הכל בקשר אחד כל השלשלת שכל הטבעות קשורות יחד זה בזה. אחר כך פרט כל השם איך

נמשך ויצא מאות **י'** ואמר - **י'** אפיק ההוא נהר דכתיב ביה - ונהר[20]
יוצא מעדן להשקות את הגן ומשם יפרד והיה לארבעה ראשים.
והוא **ה'** ראשונה שבשם, והיא לחשבון **י'** להורות שממנה
מציאותה, והם **ו"ד** שהזכיר למעלה אלא שחוברו ונעשה אות שני
של שם והיא אות אחת. ונעשית כך להורות על מה שהאצילה שהם
היא ממש ואין שם ריבוי דברים שהכל שב אל המקור שהוא ה-**י'**,
והוא שנתפשטה ה-**ה'** אחר שנעשית אות אחת **ה'** נתפשטה, וחזרה
ו"ד, כי ממנה יצאה **ו'** שבשם סוד שש קצוות והוא הבן. אחר כך
יצאה **ד'**, שהיא **ד'** שבאחד והיא הבת. ואחר שהאצילתן חזרו פנים
אל פנים, כי מתחילה דו פרצופין - **ד"ו**, **ו"ד** ונתאחדו יחד והיו
ה', והיא **ה'** אחרונה של שם, להורות על המקום שיצאו ממנו
בתמונתה - **ה'** והיא **י'** בחשבון, להעיד כי משם יצא הכל. נמצא
שאות **י'** עיקר ושורש ושלמות כל הדברים כי ממנה הוויתם, ובה
קיומם וממנה כחם ואחדותם:

עוד" שם - תנן[21] עשרה שמות אשתכללו ונפקין מהאי **י'** דהיא
עשיראה דאתוון וכלהו אעיל לון בההוא נהר קדישא כד אתעבדת
ועשרה, שמהן כלהו סתימין בחד וכלהו סתימין ב-**י'**. **י'** כליל לון
י' אפיק לון האי אב לכלא אב לאבהן מניה נפקו מניה יתבין. **ו"ד**
רמז ל-**י'** בחושבן אתוון **י'** כליל לון **י'** שלימו דכלא **ו"ד** דכר
ונוקבא **ד"ו** קרינן לון תרין ועל דא - אדם דו פרצופין אתברי,
ואינון פרצופין דכר ונוקבא הוו כגוונא דלעילא **ו"ד**, ואינון **ד"ו**
מתתא לעילא, וכלא חד מלה. עד כאן:

תָּנָן[22], עֲשָׂרָה שֵׁמוֹת אִשְׁתַּכְלָלוּ וְנַפְקוּ מֵהַאי יו"ד. **י'** דְּהִיא עֲשִׂירָאָה

---

[20] בראשית ב, י
[21] זוהר חלק ג', י, ב
[22] זוהר ויקרא י, ב

דְּאִתְוָון. וְכֻלְּהוּ אָעִיל לוֹן לְהַהוּא נָהָר קַדִּישָׁא, כַּד אִתְעֲבָרָא. וַעֲשָׂרָה שְׁמָהָן כֻּלְּהוּ סְתִימִין בְּחַד. וְכֻלְּהוּ סְתִימִין בְּ-י'. י' כָּלִיל לוֹן. י' אַפִּיק לוֹן. הוּא אָב לְכֹלָּא. אָב לַאֲבָהָן.

לְשׁוֹן הַזֹּהַר עִם תַּרְגּוּם - שָׁנִינוּ, עֲשָׂרָה שֵׁמוֹת הִשְׁתַּכְלְלוּ וְיָצְאוּ מֵהַיּוֹ"ד הַזּוֹ. י' שֶׁהִיא הָעֲשִׂירִית שֶׁל הָאוֹתִיּוֹת. וְאֶת כֻּלָּם הִכְנִיסָה לְאוֹתוֹ נָהָר קָדוֹשׁ כְּשֶׁהִתְעַבְּרָה. וַעֲשָׂרָה שֵׁמוֹת נִסְתָּרִים בְּאֶחָד. וְכֻלָּם נִסְתָּרִים בְּ-י'. י' כּוֹלֶלֶת אוֹתָם. י' מוֹצִיאָה אוֹתָם. הוּא אָב לַכֹּל. אָב לָאָבוֹת.

מִנֵּיהּ נַפְקוּ ו'''ד. רֶמֶז לַעֲשָׂרָה בְּחֶשְׁבּוֹן. אִתְוָון יוֹ"ד כָּלִיל לוֹן ו'''ד, שְׁלִימוּ דְכֹלָּא. ו'''ד - דְּכַר וְנוּקְבָּא. דּוּ קָרִינָן לוֹן, תְּרֵין. וְעַל דָּא אָדָם דּוּ פַּרְצוּפִין אִתְבְּרֵי, וְאִינּוּן פַּרְצוּפִין דְּכַר וְנוּקְבָּא הֲוֹו, כְּגַוְונָא דִּלְעֵילָּא. ו'''ד מֵעֵילָּא לְתַתָּא. ד'''ו מִתַּתָּא לְעֵילָּא. וְכֹלָּא חַד מִלָּה. י'''ג מְכִילָן תַּלְיָין בֵּיהּ, וְעַל דָּא יוֹ"ד כָּלִיל ו'''ד כְּמָה דְּאִתְּמַר, וְהָא אוּקְמוּהָ.

מִמֶּנּוּ יָצְאוּ ו'''ד. רֶמֶז לַעֲשָׂרָה בְּחֶשְׁבּוֹן. אוֹתִיּוֹת יוֹ"ד כּוֹלְלוֹת לָהֶן ו'''ד, שְׁלֵמוּת הַכֹּל. ו'''ד - זָכָר וּנְקֵבָה. דּוּ קוֹרְאִים לָהֶם, שְׁנַיִם. וְלָכֵן אָדָם נִבְרָא דּוּ פַּרְצוּפִים, וְאוֹתָם פַּרְצוּפִים זָכָר וּנְקֵבָה הָיוּ כְּמוֹ שֶׁלְּמַעֲלָה. ו'''ד מִמַּעְלָה לְמַטָּה. ד'''ו מִמַּטָּה לְמַעֲלָה, וְהַכֹּל דָּבָר אֶחָד. י'''ג מִדּוֹת הָרַחֲמִים תְּלוּיִים בּוֹ, וְעַל כֵּן יוֹ"ד כּוֹלֵל ו'''ד כְּמוֹ שֶׁנִּתְבָּאֵר, וַהֲרֵי פֵּרְשׁוֹהָ.

הרי ביארו לך כי עשרה שמות יצאו מאות י' שהיא **חכמה**, ולפיכך היו עשרה שמות, ועשרה מאמרות, ועשר דיברות, למספר י', וכל אלו הכניסתן, כלומר האצילתן בההוא נהר, סוד **ה'** ראשונה - כד אתעבדת, כלומר שנכללת מכולן וכולן סתימין בחד שהשם המיוחד כולל את כולן והוא ייחוד כולם. וכלהו סתימין ב-**י'** כי בה היו כמוסים וגנוזים, עד עלות הרצון ונאצלו כולם בשלמות השם. האי אב לכלא **י'** שהיא חכמה, אב כל השמות שבה, היו בכח כמו שהבן בכח האב. אב לאבהן **חסד גבורה תפארת** מניה נפקו:

ולפי שלא יחשב חלילה באמרו נפקו שנפרדו, חזר ואמר - ביה יתבין, שנשארו באחדות ההוא כמו שהיו אלא שנתפשטה המחשבה בגלויין ואצילותן. ושאר דברי המאמר מבואר בדבריו הקודמים. הנה התבאר כי האחד יסוד כל הדברים כי בו היו וכחם אינו אלא מכחו כי הם בו כשלהבת בגחלת:

וכלל כל הדברים כי מאות **י'** יצא הכל על זה הדרך כי היו נקודה אחת ובה שלוש מרחקים, שהוא קוץ עליון דק, וקוץ אחד למטה, וקוץ אחד באמצע, וכשתכה זה בזה ותכלול זה בזה הרי תשעה:

נמצא שמהקוץ הדק העליון נאצלו שלשה ספירות ימיניות:

ומהאמצעי העב ושחור יותר שלשה שמאליים:

ומן התחתון שהוא ממוזג, ואמצעי בין השנים שלשה אמצעיים:

ועד הנה הגיע האצילות שהוא על **היסוד** שהוא תשיעי, והתשעה סוף המספר והעשירי חוזר אל האחד, שהוא ראשית העשרות והוא **מלכות,** שהוא כח מחובר מכולן, והיא בזה שלמות האדם העליון, והיא שלמות השם הגדול ובלתה אין שם יחוד, והיא **י'** בשם, הראשונה שממנה נאצלו כולם והם **הוי"ה אדנ"י**, וכשתחברם הנה יהיו שם אחד מתחיל ב-**י'** ומסיים ב-**י' יאהדונה"י** להורות על הייחוד **י'** בראש ו-**י'** בסוף, כי אף על פי שהאצילתם לא נפרדה מהם, שהרי היא בראשם, להורות שהיא מקודם וממנה נאצלו, והיא בסופם להורות, כי נשארו בה מיוחדים ונכללים ממנה וכחה כח כולם, וכח זה בזה, וכח ראשון כח כולם, וכח כולם אינו אלא כח ראשון, ולזה היא תחילה וסוף:

ובספר יצירה שנינו - עשר[23] ספירות בלימה בלום פיך מלדבר
וליבך מלהרהר ואם רץ פיך לדבר וליבך להרהר שוב למקום
שלכך נאמר רצוא ושוב ועל דבר זה נכרת ברית. ופירש הרמב"ן
ז"ל - **אף על פי שהדברים נחלקים בחכמה בתבונה ובדעת** אין
הפרש ביניהם שהסוף קשור בהתחילה, וההתחילה בסוף, והאמצעי
כלול מהם:

סימן לדבר - שלהבת וגחלת, כמא דאתאמר - רשפי[24] אש שלהבת-
יה. כלומר שהכל מתייחד כלהב אש המתייחד בגוונים וכולן שווין
בעיקר אחד, עד כאן דבריו. והם הם דברי הרב רבי עזריאל רבו
שכתבתי למעלה המשל שהביא - מהזיק והאש ושלהבת והגוונין,
שהם עיקר אחד אף על פי שהם משתנים בהתחלק חלקיהם:

ופירוש לפירושו, כי אף על פי שהספירות נבדלות שזו - מידת
רחמים, וזו - מידת הדין, אין לצייר שום פרוד חלילה, אבל הם
כגווני הנר שהם יחד בשלהבת, והשלהבת שהיא עיקרן אחת,
והגוונין נכרין בה - זה אדום, וזה שחור, וזה תכלת, וזה לבן, והם
אחד בשלהבת והכל יצא מעיקר אחד שהוא - **הגחלת.** ובפרק אלו
דברים - אמר[25] לו בית הלל לבית שמאי הרבה מאורות יש באור:

ופירש רש"י ז"ל - הרבה מאורות - שלהבת אדומה, ושלהבת
לבנה, וירקרקת, עד כאן. ואין שנוי השלהבת כלבן ואדום מצד
עצמה, כי אם מצד הפתילה שהיא נאחזת בה או העץ, והיא גורמת
שנוי השלהבת והבדל גווניה:

---

[23] ספר יצירה פרק א משנה ז
[24] שיר השירים ח ו
[25] ברכות נב, ב

כן האור והחשך הנזכרים באצילות אינו אלא מצד המקבלים שהם
כדמיון הפתילה והעץ שהאור נאחז בה, ומצדה באים כל השנויים,
כן הבריות גורמים השנוי והכל כפי מה שמעוררים למטה,
במעשיהם כך מעוררים למעלה, ואין בפועל שום שנוי חלילה,
דכתיב - אני[26] הוי"ה לא שניתי:

ובספר[27] הזוהר - אור[27] אפיק יום חשך אפיק לילה לבתר חבר לון
כחדא והוו חד דכתיב - ויהי[28] ערב ויהי בקר יום אחד. דלילה ויום
איקרון חד, והאי דכתיב - וירא[29] אלהים את האור כי טוב ויבדל
אלהים בין האור ובין החשך. **בזמן דגלותא**. אמר רבי יצחק הכא
דכורא באור, והכא נוקבא בחשך, לבתר אתחברן כחדא למהוי חד.
במאי אתפרשאן לאשתמודע בין חשוכא ובין נהורא אתפרשאן
דרגין ותרויהו בחד הוו דהא לית נהורא אלא בחשוכא וחשוכא
אלא בנהורא, ואף על גב דאינון חד אתפרשאן בגוונין ועם כל דא
אינון חד דכתיב - יום אחד, עד כאן:

אָמַר רַבִּי יִצְחָק אִי הָכִי מַאי דִּכְתִיב וַיַּבְדֵּל אֱלֹהִים בֵּין הָאוֹר וּבֵין
הַחֹשֶׁךְ. אָמַר לֵיהּ, אוֹר אַפִּיק יוֹם וְחֹשֶׁךְ אַפִּיק לַיְלָה. לְבָתַר חָבַר לוֹן
כְּחֲדָא וְהָווּ חַד דִּכְתִיב וַיְהִי עֶרֶב וַיְהִי בֹקֶר יוֹם אֶחָד. דְּלַיְלָה וְיוֹם
אִקְרוּן חַד. וְהַאי דִּכְתִיב וַיַּבְדֵּל אֱלֹהִים בֵּין הָאוֹר וּבֵין הַחֹשֶׁךְ דָּא
בְּזִמְנָא דְגָלוּתָא דְּאִשְׁתְּכַח פְּרוּדָא.

לשון[ ] הזוהר עם תרגום - אָמַר רַבִּי יִצְחָק, אִם כָּךְ, מַהוּ
שֶׁכָּתוּב וַיַּבְדֵּל אֱלֹהִים בֵּין הָאוֹר וּבֵין הַחֹשֶׁךְ? אָמַר לוֹ, אוֹר
הוֹצִיא יוֹם וְחֹשֶׁךְ הוֹצִיא לַיְלָה, אַחַר כָּךְ חִבֵּר אוֹתָם כְּאֶחָד

---

[26] מלאכי ג, ו

[27] זוהר חלק א לב, א

[28] בראשית א, ה

[29] בראשית א, ד

וְהָיוּ אֶחָד, שֶׁכָּתוּב וַיְהִי עֶרֶב וַיְהִי בֹקֶר יוֹם אֶחָד. שֶׁלַּיְלָה
וְיוֹם נִקְרָאִים אֶחָד. וְזֶה שֶׁכָּתוּב וַיַּבְדֵּל אֱלֹהִים בֵּין הָאוֹר וּבֵין
הַחֹשֶׁךְ, זוֹ בִּזְמַן שֶׁל הַגָּלוּת שֶׁנִּמְצָא פֵּרוּד

אָמַר רַבִּי יִצְחָק עַד הָכָא דְּכוּרָא בְּאוֹר וְנוּקְבָא בַּחֲשׁוֹכָא. לְבָתַר
מִתְחַבְּרָן כְּחֲדָא לְמֶהֱוֵי חַד. בְּמַאי אִתְפְּרַשָׁאן לְאִשְׁתְּמוֹדְעָא בֵּין נְהוֹרָא
וּבֵין חֲשׁוֹכָא. מִתְפַּרְשָׁן דַּרְגִּין וְתַרְוַויְיהוּ כְּחַד הֲווֹ. דְּהָא לֵית נְהוֹרָא
אֶלָּא בַּחֲשׁוֹכָא וְלֵית חֲשׁוֹכָא אֶלָּא בִּנְהוֹרָא. וְאַף עַל גַּב דְּאִנּוּן חַד
אִתְפָּרְשָׁן בִּגְוָונִין וְעִם כָּל דָּא אִנּוּן חַד דִּכְתִיב יוֹם אֶחָד.

אָמַר רַבִּי יִצְחָק, עַד כָּאן זָכָר בְּאוֹר וּנְקֵבָה בַּחֹשֶׁךְ. אַחַר כָּךְ
מִתְחַבְּרִים כְּאֶחָד לִהְיוֹת אֶחָד. בַּמֶּה נִפְרָדִים לְהַכִּיר בֵּין אוֹר
וּבֵין חֹשֶׁךְ? מִתְפָּרְדוֹת הַדְּרָגוֹת, וּשְׁנֵיהֶם הֵם כְּאֶחָד, שֶׁהֲרֵי
אֵין אוֹר אֶלָּא בַּחֹשֶׁךְ, וְאֵין חֹשֶׁךְ אֶלָּא בָּאוֹר. וְאַף עַל גַּב שֶׁהֵם
אֶחָד, נִפְרָדִים בִּגְוָנִים, וְעִם כָּל זֶה הֵם אֶחָד, שֶׁכָּתוּב יוֹם
אֶחָד.

דַּע לְפֵירוּשׁוֹ כִּי אוֹר וְחוֹשֶׁךְ הַנִּזְכָּר בַּאֲצִילוּת, שְׁנֵיהֶם יָצָא מִמָּקוֹר
אֶחָד, וְהוּא הָאוֹר שֶׁאֵין לוֹ קִצְבָה, וְנִקְרָא חוֹשֶׁךְ בְּעֶרֶךְ הַנִּבְרָאִים,
לְפִי שֶׁאֵין מַחֲשָׁבָה תּוֹפֶסֶת בּוֹ כְּלָל, וְאֵין עַיִן שׁוֹלֶטֶת בּוֹ, וְהוּא
שֶׁנֶּאֱמַר בּוֹ - יָשֶׁת[30] חֹשֶׁךְ סִתְרוֹ סְבִיבוֹתָיו סֻכָּתוֹ חֶשְׁכַת מַיִם עָבֵי
שְׁחָקִים. שֶׁעַם שֶׁהוּא אוֹר גָּדוֹל, חוֹשֶׁךְ הוּא **בְּעֶרֶךְ** עִילָתוֹ, וּמִמֶּנּוּ
יָצְאוּ אוֹר וְחֹשֶׁךְ, וְהָאוֹר הַהוּא הוּא שֶׁנִּגְנַז וְהוּא הוֹצִיא מִידַת יוֹם,
וְהַחוֹשֶׁךְ הוֹצִיא מִידַת לַיְלָה, וְהֵם **דּוּ פַרְצוּפִין**, וְהוּא אָמְרוּ כָּאן -
אוֹר אֲפִיק יוֹם חֹשֶׁךְ אֲפִיק לַיְלָה. וְאָמַר שֶׁאַחַר כָּךְ - חָבֵּר לוֹן כַּחֲדָא
וְהָווֹ חַד וְהוּא שֶׁכָּתוּב - וַיְהִי[31] עֶרֶב וַיְהִי בֹקֶר יוֹם אֶחָד. דְּלַיְלָה וְיוֹם
אִיקְרוֹן חַד, שֶׁהֲרֵי מִמָּקוֹר אֶחָד יָצְאוּ שְׁנֵיהֶם, וּלְהוֹרוֹת עָלָיו הָיוּ
שְׁנֵיהֶם לְאֶחָד. וּלְפִי שֶׁהוּקְשָׁה לוֹ עַל מַה שֶׁהִנִּיחַ שֶׁהֵם בַּיִּיחוּד אֶחָד,

---

³⁰ תהלים יח, יב
³¹ בראשית א, ה

והרי כתיב - ויבדל[32] אלהים בין האור ובין החשך. אם כן יש פרוד והבדל בין שניהם, תרץ ואמר שזה ההבדל הוא **בזמנא דגלותא** שהארץ מרוחקת, והאם - בפשע[33] בניה משולחת. ולפי שהוקשה לו.

אם כן שהם אחד למה היו עשרה מאמרות ובמה יובדלו, והם אמרו - במאי אתפרשאן לאשתמודע בין חשוכא ובין נהורא, תרץ ואמר - אתפרשאן וכו', ותרוייהו בחד וכו', כלומר - שניהם אחת שהם דבר אחד ונחלקים לעשרה, באופן זה דהא לית נהורא אלא בחשוכא, אין אור שלא יהיה מעורב בחושך, ואין חושך שלא יהיה מעורב באור, והרי זה ייחוד גמור בין אור וחושך, ומצד זה הוצרכו להיות עשר ספירות - **והם כח אחד מיוחד:**

והמשל בזה למען יאורו עיניך ותלך לבטח דרכך בעניין הייחוד. הנה מידת **החסד** אינה **חסד** גמורה, שקצת דין מעורב בה, אלא שרובה **חסד. וגבורה** אינה דין גמור, שקצת **חסד** מעורב בה אלא שרובה דין, ובעניין זה יתייחדו **חסד וגבורה** מצד שיש לכל אחת ממידת חברתה. והראיה על היחוד בזה שהוצרכה מידה אחת ממוזגת להיות ביניהם כלולה משניהם והיא **תפארת,** להורות **שהחסד וגבורה** אינם שני הפכים, אבל הם דבר אחד מיוחד, ובעניין זה הוצרכה המחשבה להתפשט לעשר ספירות, והם דבר אחד וכח אחד, כמשל הנקודה שהבאתי למעלה:

נמצא גלוי לעין שאין אור שלא יהיה בו חושך, ואין חושך שלא יהיה בו אור, והוא אמרו - דהא לית נהורא אלא בחשוכא וכו':

---

[32] בראשית א ד
[33] על פי הפסוק בישעיהו נ, א - בעונתיכם נמכרתם ובפשעיכם שלחה אמכם.

ולפי שהוקשה לו אם כן שהכל דבר אחד, אם כן במה זה יובדלו שניהם ותוכר ותורישם אחת מחברתה, ולפי דבריך אין שום הבדל ביניהם וראוי שיקרא בשם אחד למה אתה קורא עשרה. לזה תרץ ואמר - אתפרשאן בגוונין מי לבן, מי אדום, מי תכלת, והכל בעיקר אחד שהוא השלהבת, ועם כל דא אינון חד דכתיב - **יום אחד**:

אמר זה שלא תקשה עוד ותאמר עדיין יש שנוי חלילה, אמר שאין השנוי מצד הגוונין, כי הוצרכו לקיום השפלים כפי חלופים ושינוייהם, כן הוצרך שורש לכל זה - **כשלהבת** שהיא אחת, והם הגוונין הלבן שבה למדוד בה להולכי **תום**, והאדום שבה למדוד בה להולכים הדרך **לא טוב**. ואם לא היה שורש למעלה כשלהבת, לכל זה לא היה שכר ועונש, ואין מקום לתורה ולמצות, ואם כן אין לעולמות מציאות וקיום:

ובהיות הגוונין נכרין בשלהבת כל אחת פועלת פעולתה, ויש מקום לכל זה. ועם כל זה אין השנויים כי אם **מצד המקבלים**, כמו שהוא מבואר וגלוי ממה שכתבתי והמשלתי, והוא שסיים ואמר - כל דא אינון חד וכו', כלומר מצדם ואם יש שנוי הוא מצד המקבלים:

ובספר[ט] הזוהר - אמר[34] רבי יוסי לא שני קדוש ברוך הוא נמוסי בר אינון חייבי עלמא שניין לון ומהפכי רחמי לדינא כמא דאיתמר, עד כאן:

אָמַר[35] רַבִּי יֵיסָא, לָא שָׁנֵי קוּדְשָׁא בְּרִיךְ הוּא נִימוּסוֹי, בַּר דְּאִינּוּן חַיָּיבֵי עָלְמָא שַׁנְיָין לוֹן, וּמְהַפְּכֵי רַחֲמֵי לְדִינָא, כְּמָה דְּאִתְּמַר. לְשׁוֹן[ט] הזוהר עם תרגום - אָמַר רַבִּי יֵיסָא, לָא מְשַׁנֶּה

---

[34] זוהר חלק ב סב, א
[35] זוהר בשלח סב, א

הַקָּדוֹשׁ בָּרוּךְ הוּא אֶת הַנְהָגוֹתָיו, רַק שֶׁאוֹתָם הָרְשָׁעִים שֶׁל הָעוֹלָם מְשַׁנִּים אוֹתָם וּמְהַפְּכִים רַחֲמִים לְדִין, כְּמוֹ שֶׁנִּתְבָּאֵר.

הנה גילו על מה שכתבתי, שאין שום שנוי מצדו ואין שנוי בחוקו יתברך, אלא מצד שהרשעים עושים הרע בעיניו, משנין חוק ומפירים ברית והופכים ללענה משפט:

ועוד בספר הזוהר[36] - הכי שמענא חייביא מהפכי רחמי לדינא דלית לך כל אינון כתרין עילאין דמלכא קדישא דלא כלילן חד בחבריה ועל דא חייבי מהפכי רחמי לדינא, עד כאן.

אֶלָּא[37] הָכִי שְׁמַעְנָא, חַיָּיבַיָּא מְהַפְּכֵי רַחֲמֵי לְדִינָא. דְּלִית לָךְ בְּכָל אִינּוּן כִּתְרִין עִלָּאִין דְּמַלְכָּא קַדִּישָׁא, דְּלָא כְּלִילָן רַחֲמֵי בְּדִינָא, וְדִינָא בְּרַחֲמֵי. וְחַיָּיבַיָּא, מְהַפְּכֵי רַחֲמֵי לְדִינָא.
לְשׁוֹן הַזּוֹהַר עִם תַּרְגּוּם - אֶלָּא כָּךְ שָׁמַעְנוּ, הָרְשָׁעִים מְהַפְּכִים רַחֲמִים לְדִין. שֶׁאֵין לְךָ בְּכָל אֵלּוּ כְּתָרִים עֶלְיוֹנִים שֶׁל הַמֶּלֶךְ הַקָּדוֹשׁ שֶׁלֹּא כְלוּלִים רַחֲמִים בְּדִין, וְדִין בְּרַחֲמִים. וּרְשָׁעִים מְהַפְּכִים רַחֲמִים לְדִין.

הנה ביארו שמצד שהמידות כלולות זו בזו, אפשר שלפעמים תיהפך מידת הרחמים לדין, ומידת הדין לרחמים, שאם היתה מידת **החסד** מיוחדת למידת רחמים בלי תערובת דין, לא היה אפשר לה שתיהפך למידת הדין. וכן **גבורה** אם היתה מיוחדת למידת הדין בלי תערובת רחמים, לא היה אפשר לה שיתהפך למידת רחמים, והייחוד היה נפרד ואך חלק:

---

³⁶ זוהר חלק ג ל, ב
³⁷ זוהר צו ל, ב

וכשהיה הצדיק הולך בתומו, ושומר תורה ומצות, לא היה עושה רושם למעלה, ולא היה במעשיו ייחוד השם הגדול, ולא תשלם הכוונה בתורה ובמצות שבאו ונתנו לזה התכלית. וכן כשהיה הרשע משחית דרכיו, לא היה גם כן עושה רושם למעלה, ולא ישולם כפי מעשיו, כי לא היה מקום לזה בהיות המידות כל אחת לעצמה ולא היה מקום לשכר ועונש. אבל בהיות המידות כלולות זו מזו, יש מקום להשכיר ולהעניש כפי מה שמעורר במעשיו, כי כן מעורר למעלה ועושה רושם בייחוד:

כי הנה הצדיק במעשיו הטובים מגביר מידת הרחמים על הדין שבה, **והופכה כולה למידת רחמים**. ומתוך כך הדין מסכים עם הרחמים, להשכירו ולמדוד לו במידתו, וכפי הרושם שעושה למעלה כך מודדין לו למטה. וכן הרשע במעשיו מגביר מידת הדין על הרחמים שבה, **והופכה כולה לדין**. ומתוך כך מסכים הרחמים עם הדין להענישו, ולמדוד לו כמידתו, וכפי הרושם שעושה למעלה כך מודדין לו למטה:

הרי התבאר כי בהיות המידות כלולות זו מזו, הוא שורש לכל המפעלים ולכל הדברים שיעוררו התחתונים, ומתוך זה יעוררו כך בעליונים, ובזה יש מקום לתורה ולמצות ולשכר ועונש, **והבן כל זה היטב ובו** תעמוד על קרן אורה ויתגלו לך תעלומות חכמה:

ובאדרא[א] נשא - כללא[38] דכל מלין עתיקא דעתיקין וזעיר אנפין כלא חד כלא הוא כלא כלא יהא לא שניא לא אשתניא לא משתני כו', ואיתימא מה בין האי להאי כלא הוא במתקלא חדא אבל מכאן אתפרשאן ארחי ומכאן אשתכח דינא ומסטרא דילן הוו,

---

[38] זוהר חלק ג קמה, א

שְׁנִיּין דָּא מִן דָּא וְרָזִין אִלֵּין לָא אִתְמְסָרוּ בַּר לְמֶחְצְדֵי חַקְלָא קַדִּישָׁא, וּכְתִיב - סוֹד[39] הֲוָי"ה לִירֵאָיו וּבְרִיתוֹ לְהוֹדִיעָם, עַד כָּאן:

כְּלָלָא[40] דְּכָל מִלִּין, עַתִּיקָא דְּעַתִּיקִין, וּזְעֵיר אַפִּין, כֹּלָּא חַד. כֹּלָּא הֲוָה. כֹּלָּא הֱוֵי. כֹּלָּא יְהֵא. לָא יִשְׁתַּנֵּי. וְלָא מִשְׁתַּנֵּי. וְלָא שָׁנֵּא. אִתְתַּקַּן בְּתִקּוּנִין אִלֵּין. אִשְׁתְּלִים דִּיּוּקְנָא דְּכָלִיל כָּל דִּיּוּקְנִין. דִּיּוּקְנָא דְּכָלִיל כָּל שְׁמָהָן. דִּיּוּקְנָא דְּאִתְחֲזֵי בְּגַוְונֵיהּ כְּהַאי דִּיּוּקְנָא לָאו הַאי דִּיּוּקְנָא הֲוִי, אֶלָּא כְּעֵין הַאי דִּיּוּקְנָא.

לְשׁוֹן[כא] הַזֹּהַר עִם תַּרְגּוּם - הַכְּלָל שֶׁל כָּל עִנְיַן הַהִתְלַבְּשׁוּת הַפַּרְצוּפִים הוּא, עַתִּיק שֶׁל עֲתִיקִין, וּזְעֵיר אַנְפִּין, הַכֹּל אֶחָד. כָּל פַּרְצוּפֵי הָאֲצִילוּת הָיוּ קֹדֶם בְּרִיאַת הָעוֹלָם הַזֶּה, וְכֻלָּם נִמְצָאִים עַכְשָׁו, וְכֻלָּם יִהְיוּ אַחַר אֶלֶף הַשִּׁשִּׁי, כִּי לֹא יִשְׁתַּנּוּ מִכָּאן וּלְהַבָּא, וְאֵינָם מִשְׁתַּנִּים בַּזְּמַן הַזֶּה, וְלֹא נִשְׁתַּנּוּ מֵעֵת תִּקּוּן הָאֲצִילוּת עַד עַכְשָׁו. נִתְקַּן בְּתִקּוּן אֵלּוּ, נִשְׁלְמָה הַצּוּרָה הַכּוֹלֶלֶת כָּל הַצּוּרוֹת, הוּא צוּרָה הַכּוֹלֶלֶת אֶת כָּל הַשֵּׁמוֹת, הוּא שֶׁל זְעֵיר אַנְפִּין שֶׁנִּרְאָה בְּגַוְונָיו שֶׁהֵם חֶסֶד וָדִין, כְּצוּרָתוֹ שֶׁל הָאָדָם הַתַּחְתּוֹן.

וְאִי תֵּימָא מַה בֵּין הַאי לְהַאי. כֹּלָּא הוּא בְּמַתְקְלָא חֲדָא, אֲבָל מִכָּאן אִתְפָּרְשָׁן אָרְחוֹי. וּמִכָּאן אִשְׁתְּכַח דִּינָא. וּמִסִּטְרָא דִּילָן הֲווֹ שִׁנְיָין דָּא מִן דָּא. וְרָזִין אִלֵּין לָא אִתְמְסָרוּ, בַּר לְמֶחְצְדֵי חַקְלָא קַדִּישָׁא. וּכְתִיב - סוֹד הֲוָי"ה לִירֵאָיו.

וְאִם תֹּאמַר מַה הֶפְרֵשׁ יֵשׁ בֵּין זֶה לָזֶה, הַכֹּל בְּמִשְׁקָל אֶחָד, אֲבָל מֵעַתִּיק מִתְפַּשְּׁטִים רַחֲמִים, וּמִזְּעֵר אַנְפִּין נִמְצָא הַדִּין. וְרַק מִצִּדֵּנוּ הֵם מְשֻׁנִּים זֶה מִזֶּה, וְסוֹדוֹת אֵלּוּ אֵינָם נִמְסָרִים אֶלָּה לְקוֹצְרֵי הַשָּׂדֶה הַקָּדוֹשׁ שֶׁל הַמַּלְכוּת [חַכְמֵי פְּנִימִיּוּת הַתּוֹרָה], וּכְמוֹ שֶׁכָּתוּב - סוֹד הֲוָי"ה לִירֵאָיו.

---

[39] תְּהִלִּים כה, יד
[40] זֹהַר אִדְרָא רַבָּה קְמַה, א

זה המאמר עמוק מאד, וצריך פירוש ארוך, ואני ירא לשלוח בו יד. אבל מנגלה יתבאר לך כל מה שכתבתי בעניין השנויים שהם מצדנו לא מצדו חלילה:

והנני חותם תשובה זו בעניין אחד מצאתיו לאחד מחכמי האמת - וממנו[41] יתבאר לך כי אין הרבים אלא מכח אחד. וז"ל - ואמנם אמרו עשר ספירות בלימה, לפי שהכל באים מכח אחד, מעילת העילות, וכתר עליון וחכמה כמספר עשר אצבעות:

אף על פי שיש בנבראים מי שאצבעותיו יתרים כמן דאמאר - אצבעות[42] ידיו ואצבעות רגליו שש ושש. אין עיקרו אלא עשר כי הוא כולל כל הקדושות, וכל המספרים ולהיות אדם נעשה בצלם אלהים, להיות למשכן לו שנאמר - ואחרי[43] עורי נקפו זאת ומבשרי אחזה אלוה. אם כן יש לך להבין מזה בשם, ש-**ה'** אצבעות מימין, ו-**ה'** אצבעות משמאל כולם מתפצלים מן האמצע, שהוא הלב, כי הוא תחילת היצירה וממנו משתלחים האיברים לכל צד, ליד ימין ושמאל, כמן דאמאר - וברית[44] יחיד מכוונת באמצע. ר"ל בלב כי הוא שורש לכל המתפצלים, כן בעשר ספירות בלימה אף על פי שיראה התאצלותם לכח רבים, אין הרבים אלא **מכח אחד** הגמור:

וכנגד זה תמצא שכל האצבעות חוזרים להיות לכף אחת בימין, ולכף אחת בשמאל, ושתי הכפות לשתי זרועות, ושתי זרועות מתייחדות ללב. וכן ברגלים הנה האמצע ושורש שתי הרגלים מעידים על ייחוד עולם העליון, ועל ייחוד עולם התחתון, עד כאן. ובזה נשלמה הכוונה בזאת השאלה:

---

[41] עיין בפירוש הראב"ד לספר יצירה פרק א משנה ג

[42] שמואל-ב כא, כ

[43] איוב יט, כו

[44] ספר יצירה א, ב

ספר דרך אמונה

ומה ששאלת למה אתן להם גבול ושעור וגשמות. דע כי הגבול הוא מצד הנבראים כמו שהודעתיך, כי לפי שהוצרכו הנבראים לבא בגבול ושעור מוגבל, הוצרך שיהיה להם שורש זה למעלה, כי כבר ידעת כי אין סוף עם שהוא אין לו גבול ושעור האציל ממנו שורש הגבול למען הראות לכל באי עולם כי יש לו כח בגבול, ואלו לא המציא הגבול לא היינו יודעים שיש לו כח בגבול עם שהוא אינו מוגבל, ובזה נדע כי אין חוץ ממנו ויש לו כח בגבול מבלי גבול, ולפי שהוא שלם בלי חיסרון המציא הגבול להגביל כל הנבראים בהגבלתו למען יוכלו להכיל אורו ותעצומו.

והגבול הנמצא מאתו תחילה הוא אצילותו, שהוא שורש לכל הבא בגבול. וכבר כתבתי שיש לו כח מכחו לפעול בהשלמה ובחיסרון כפי צורך הנבראים, ומידותיהם והתעוררותם, שהם דברים מוגבלים ומשוערים, ובזה אנו מכירים שאין חוץ ממנו ושעם שהוא נעלה ומתעלם, **המציא הגבול לצורך הנבראים**, והגבול ההוא מבלי גבול נאצל, כי אין גבול למעלה מצד עילתם, ורמז ההרהור הבא **מאין סוף**. ועם שכל הנתפס בהרהור ומחשבה הוא מוגבל הוא מצד הנבראים, ולכך מידתן עשרה שאין להם סוף, כי מצד שהם באים מכח מי שאין לו סוף, וגבול, ושעור, אין לכוחם סוף וגבול, ומצד אשר הם משפיעים בהם שהם הנבראים בעלי שעור וגבול הוצרך שיהיה הכח ההוא מוגבל שאם לא כן לא יוכל המוגבל לסבול ולהכיל כח הבלתי מוגבל, נמצאת למד כי הגבול והשיעור הנראה בהם הוא מצד הנבראים, לא מצד מי שבאו מכחו:

וממה שכתבתי בשאלות שקדמו יתבאר לך עוד הכרח מציאות הגבול והשיעור בספירות, והכל מצד הנבראים לא מצדו חלילה, כמו שאכריח עוד זה:

שנינו בספר יצירה[1] - עשר ספירות בלימה מדתן עשר שאין להם סוף, עומק ראשית ועומק אחרית, עומק טוב ועומק רע, עומק רום ועומק תחת, עומק מזרח ועומק מערב, עומק צפון ועומק דרום. **ואדון יחיד אל מלך נאמן מושל בכולן**, ממעון קדשו ועד עדי עד:

לפי שיקשה כי מצד אחד יראה שיש להם מידה ושעור באמרו מידתן עשרה, ומצד אחר יראה שאין להם שיעור, וגבול, ומידה, באמרו שאין להם סוף, לזה אמר שיובן זה כפי הבחינות שיש להם. ולא יקשה זה כלל יאמר כי הם עשרה, כפי הערך שיש להם עם הנבראים מצד מה שהם מחודשים ומוגבלים הוצרכו מידות בעלי גבול ושעור כפי בחינתם ומידותיהם, פעם לטוב פעם לרע. ולזה אמר מידתן לפי שהם מודדים לנבראים, במידתם להשכירם או להענישם, אבל מצד שתופם וייחודם עם האין סוף אין להם סוף וגבול ושעור ומידה. וירצה מידתן עשרה כשלא תצרפם אל **האין סוף** כי אם בערך הנבראים.

ואמר **עומק ראשית** - בערך העולם שהוא מחודש ויש לו ראשית.

ואמר עומק אחרית כמו שהורה שיש לו מחדש, והוא בראו בראשית **חכמה**, הורה שהאדון עצמו שיחדשו יכול על העדרו ולכלותו ונשגב הוא לבדו אחר שממנו הוייתו.

ועומק טוב ועומק רע - כי מהאצילות הראשון והתחלת הרצון, אף

על פי שהוא בתכלית הפשיטות המציא מכח פשיטותיו כל צרכי הנבראים, דבר והפכו טוב ורע למדוד בהם אל האנשים, כי הוא לא ישתנה, כי השנוי הוא מצד המקבלים.

עומק[2] רום ועומק תחת - התחיל לחשוב מידות ששה קצוות, שהם שורש הגבול והשיעור לצורך הנבראים, לא מצד עצמם מצד שהם בשיתוף וייחוד בעלתם. וזה אמרו מידתן עשרה, שאין להם סוף והמציא הגבול להורות, שאין חוץ ממנו ושעם שאין לו גבול ושיעור יכול על הגבול כמו שכתבתי. ובא ללמדך עוד כי אף על פי שנתן בהם שיעור מספר עשרה אותו שיעור אין לו סוף ולא תכלית לפי שמספר עשר כולל כל המספר:

והנה כל ההווים והנפסדים אשר אין להם סוף, כולם מתגלגלים במספר עשרה וכולם נכללים במספר עשרה, ולפיכך עשרה שאין להם סוף.

ושני הפירושים אמיתים וממנו יתבאר לך כי אין השיעור והגבול הנרמז בהם מצדם, כי אם מצד הנבראים לקיומם כמו שכתבתי. וכבר ידעת כי הדברים נחלקים במוטבע במורגש במושכל בנעלם. והמוטבע מן המורגש והמורגש מן המושכל והמושכל מן הנעלם כי כח זה בזה. והנעלם אין לו סוף אם כן אפילו המושכל והמורגש והמוטבע אין לו סוף, ולפיכך אמר עשרה שאין להם סוף כי **אין סוף** מתייחד בכולן וממנו הם משתלשלים והוא שווה בכולם ולפיכך מצדו אין להם סוף וגבול ושעור:

ולהעמידנו עוד על האמת במה שכתבתי שאין חוץ ממנו ושאין לו גבול, והמציא הגבול לצורך הנבראים, להורות כחו שיש לו כח

---

[2] ספר יצירה פרק א משנה ד

בגבול, ושאין בו שנוי והוא יחיד בכולן, סיימה המשנה בספר יצירה ואמרה - **ואדון יחיד אל מלך נאמן מושל בכולן**, ממעון קדשו ועד עדי עד. כי באמרה **אדון** רמזה שממנו הוויתם, והוא יכול על כולם. ואמרה **יחיד** שהוא מתייחד בהם. ואמרה **מושל** בכולם, עם שיש בהם דבר והפכו, אמר שממנו יצא הכל, והוא שווה בכל מושל בכולם בשווה באחדות פשוטה.

ואמר **ממעון שבתו עדי עד** - להודיע שהגבול הברמז ממעון קדשו, שהוא כתר עליון, שהוא מעונו והוא במשל הגוף לנשמה. עדי עד, שהיא **העטרה** סוד[3] כנסת ישראל, הנה עם שהוא בלתי מוגבל המציא זה הגבול מכוחו להורות כי אין חוץ ממנו והגבול מבלי גבול מצדו אלא שהוצרך לצורך הנבראים שהם בגבול וכחם מוגבל כמו שכתבתי כבר:

ובספר[כב] התיקונין[4] - והמשכילים[5] יזהרו כזהר הרקיע ומצדיקי הרבים ככוכבים לעולם ועד. מאן משכילים, אלין דאית בהו שכל למנדע למאריהו דאיהו עילה על כל עילין בשכינתא דאיתמר בה - זה[6] השער להוי"ה צדיקים יבאו בו. שער בהפוך עשר כלילא מעשר ספירות למסטרא דילהון איהו גבול כגון ימא דאיתמר ביה - אשר[7] שמתי חול גבול לים חק עולם ולא יעברנהו ויתגעשו ולא יוכלו והמו גליו ולא יעברנהו. הכי איהי גבול ותחום לשמא דיהו"ה דאיהי רשות היחיד דתחומיה, איהו שמונה אלפים אמה לכל סטרא, ואינון - יאהדונה"י ורשות איהו ליחיד דאיהו רחבו ארבעה וגבהו עשרה. איהי גבול לימא דאוריתא דאיהי אמא עילאה דגלגלוי

---

[3] המלכות
[4] תיקוני הזוהר חדש קג, א
[5] דניאל יב ג
[6] תהלים קיח, כ
[7] ירמיהו ה, כב

דאשתכחו מן **חכמה** דאיהו **כ"ח מ"ה** לא עברין מניה. אבל מסטרא דעילת העילות דלית לעילא מניה, לית לה גבול מסטריה, ולית לה תחום מסטריה, ולא רשות עליה ולא בר מניה, ולית לה מידה ושעור, עד כאן:

קום[8] אַפְתַּח מִלִּין קַמֵּי שְׁכִינְתָּא. מִיָּד פָּתַח וְאָמַר. וְהַמַּשְׂכִּילִים יַזְהִרוּ. מָאן מַשְׂכִּילִים. אִלֵּין דְּאִית בְּהוֹן שֵׂכֶל לְמִנְדַּע לְמָארֵי עָלְמִין, דְּאִיהוּ עָלִית כָּל עִלָּאִין בִּשְׁכִינְתָּא, דְּאִתְּמַר בָּה - זֶה הַשַּׁעַר לַהוי"ה צַדִּיקִים יָבֹאוּ בוֹ. שַׁעַר בְּהִפּוּךְ אַתְוָן עֶשֶׂר כְּלִילָא מֵעֶשֶׂר סְפִירָן. וּמִסְטָרָא דִּילְהוֹן אִיהִי גְּבוּל. כְּגוֹן יַמָּא דְּאִתְּמַר בָּה - אֲשֶׁר שַׂמְתִּי חוֹל גְּבוּל לַיָּם. הָכִי אִיהִי גְּבוּל וּתְחוּם לִשְׁמָא דהוי"ה, דְּאִיהִי רְשׁוּת הַיָּחִיד דִּתְחוּמָהּ, אִיהוּ שְׁמוֹנָה אַלְפִים אַמָּה, אַלְפִים לְכָל סְטְרָא. וְאָנוּן, **יאהדונה"י**. וּרְשׁוּת אִיהִי לַיָּחִיד דְּאִיהוּ רָחְבּוֹ דַּק וְגָבְהוֹ עֲשָׂרָה אִיהִי גְּבוּל לְיַמָּא דְּאוֹרַיְתָא, דְּאִיהִי אִימָּא עִלָּאָה דְּגַלְגַּלּוֹי דְּאִשְׁתְּכָחוּ מִן חָכְמָה, דְּאִיהוּ כָּל הָעִלּוֹת דְּלֵית לְעֵלָּא מִנַּהּ, לֵית לָהּ גְּבוּל מִסְטָרַהּ, וְלֵית לָהּ תְּחוּם מִסְטָרָה וְלֹא רְשׁוּת עָלַהּ, וְלֹא בַּר מִנַּהּ. וְלֵית לָהּ מִדָּה וְשָׁעוּר.

לְשׁוֹן[22] הַזוֹהַר עִם תַּרְגּוּם - קוּם פְּתַח דְּבָרִים לִפְנֵי הַשְּׁכִינָה. מִיָּד פָּתַח וְאָמַר, וְהַמַּשְׂכִּלִים יַזְהִרוּ. מִי הַמַּשְׂכִּילִים? אֵלּוּ שֶׁיֵּשׁ בָּהֶם שֵׂכֶל לְהַכִּיר אֶת רִבּוֹן הָעוֹלָמִים, שֶׁהוּא עִלַּת כָּל הָעֶלְיוֹנִים בַּשְּׁכִינָה, שֶׁנֶּאֱמַר בָּה - זֶה הַשַּׁעַר לַהוי"ה צַדִּיקִים יָבֹאוּ בוֹ. שַׁעַר בְּהִפּוּךְ אוֹתִיּוֹת עֶשֶׂר, כְּלוּלָה מֵעֶשֶׂר סְפִירוֹת, וּמֵהַצַּד שֶׁלָּהֶם הִיא גְּבוּל, כְּמוֹ הַיָּם שֶׁנֶּאֱמַר בּוֹ - אֲשֶׁר שַׂמְתִּי חוֹל גְּבוּל לַיָּם. כָּךְ הִיא גְּבוּל וּתְחוּם לַשֵּׁם שֶׁל הוי"ה, שֶׁהִיא רְשׁוּת הַיָּחִיד, שֶׁתְּחוּמוֹ הוּא שְׁמוֹנָה אֲלָפִים אַמָּה, אַלְפַּיִם לְכָל צַד. וְהֵם **יאהדונה"י**. וּרְשׁוּת הוּא לַיָּחִיד, שֶׁהוּא רָחְבּוֹ אַרְבָּעָה הוי"ה, וְגָבְהוֹ עֲשָׂרָה יוֹ"ד ה"א וָא"ו ה"א. הוּא גְּבוּל

לְיָם הַתּוֹרָה, שֶׁהִיא הָאֵם הָעֶלְיוֹנָה שֶׁגַּלֶּיהָ שֶׁנִּמְצָאוּ מֵחָכְמָה, שֶׁהִיא **כ"ח מ"ה**, לֹא עוֹבְרִים מִמֶּנָּה. אֲבָל מִצַּד עֲלַת כָּל הָעֶלּוֹת שֶׁאֵין לְמַעְלָה מִמֶּנָּה, אֵין לָהּ גְּבוּל מִצַּדּוֹ, וְאֵין לָהּ תְּחוּם מִצַּדּוֹ וְלֹא רְשׁוּת עָלָיו, וְלֹא מְחוּצָה לוֹ, וְאֵין לוֹ מִדָּה וְשִׁעוּר.

וביאורו כי השכינה שער להכיר כבוד האין סוף שהוא עילת העילות, והיא מבוא לדעת אותו, ובלתה אי אפשר כי כל מבקש הוי"ה יבא אל אהל מועד, והבן.

ואמר כי היא כלולה מעשר ספירות. ולפי שהם שורש הגבול כמו שכתבתי, אמר - **שמצדם היא בגבול**, ולפי שהיא קרובה לנבראים שהם בעלי שעור וגבול, והיא להם כמו החול לים, כך היא גבול לשם הוי"ה שנכפלה בו **ה"ה**[9], והיא שלמות השם הגדול לבל יתפשט יותר, כי גם הנבראים היו מתפשטים, ולפיכך הוצרכה **ה"ה** לתחמו ולהגבילו ולהשלימו, וזהו סוד אמרם - אני[10] אל שדי שאמרתי לעולמי די. הנה ביארו שנתן שעור לשמו ב-**ה'** אחרונה להמציא ממנו נבראים מוגבלים ועולם מוגבל. ולפי שלא יובן חלילה שהיא לעצמה בשביל שהמשילה לחול והים והחול ניכר הוא שהם דברים שונים, אמר כי לא נפרדה אבל היא רשות של יחיד שהוא הוי"ה, שהרי **ה'** אחרונה מן השם ומכללו, היא ובילתה אינו שם.

נמצא שאינה זולתו ומכלל היחוד היא. וביאר זה עוד באמרו - דתחומיה שמונה אלפים אמה לכל סטרא, ואינון **יאהדונה"י**, הנה גלה לנו לשני שמות אלו שהם **הוי"ה אדנ"י** נכללים באחד,

---

[9] **היב"ש** -בשם הוי"ה ברוך הוא, יש שתי ה' - **יהו"ה**

[10] חגיגה יב, א

להורות על ייחודם והוא **יאהדונה"י**, והם **יה"ו - ה'**, וכשהם ביחוד אחד נכללים בשם המיוחד הוי"ה, והם שמונה אלפים לכל צד ועולים, **ל"ב** - כי היא לב השמים, וכלולה מ-**ל"ב** נתיבות, כי מחכמה נתפשטו הנתיבות לכל הצדדים ונשלם הייחוד.

ואמר שהיא רשות ליחיד, בפרט שהוא **הוי"ה** וזהו רחבו ארבעה, אותיות וגבהו[11] עשרה **יו"ד ה"א וא"ו ה"א**, ואמר - כי היא גם כן גבול לימא דאורייתא דאיהי אימא עילאה **בינה** כוללת חמישים שערים, שהם ים, ונקראת **מ"י** - מי[12] ברא אלה. ומשם נמשכת תורה שבכתב ותורה שבעל פה, סוד **ו"ה**, וגלי זה הים דאשתכחו מן **חכמה** והם סוד הנתיבות והשערים, כולם באו **בבינה** שהוא הים **מחכמה**, כי הם שלמות התורה שהיא כלולה מל"ב נתיבות ומחמשים שערים.

ואמר - לא עברין מיגיה שעד שם עד הגבול, באו לא יעברו גבולם כעניין - ואמר[13] עד פה תבוא ולא תסיף ופא ישית בגאון גליך. וכתיב - אשר[14] שמתי חול גבול לים חק עולם ולא יעברנהו ויתגעשו ולא יוכלו והמו גליו ולא יעברנהו:

ולבאר שהגבול נרמז בה, אינו כי אם לצורך הנבראים, לא מצד המקור שנאצלו ממנו, כי מצדו אין להם גבול ושעור, אמר - אבל מסטרא דעילת העילות, דלית לעילא מניה, לית לה גבול מסטריה ולית לה תחום מסטריה ולא רשות עליה ולא בר מניה:

---

[11] **היב"ש** - מילוי שם הוי"ה הוא נקרא שם מ"ה, יו"ד ה"א וא"ו ה"א

[12] ישעיהו מ, כו

[13] איוב לח, כא

[14] ירמיהו ה כב

הנה הודיע שהמציא הגבול להורות שאין חוץ ממנו. וסיים ואמר ולית לה מידה ושעור, כלומר מצדו כי הגבול הנרמז בהם, לא היה כי אם לברא בו דברים מוגבלים, כי בלתו לא יבראו ולא יתקיימו, כי אין בבעלי גבול כח להכיל כח הבלתי מוגבל. ובמה שכתבתי בזה יש די והותר למה ששאלת למה אתן להם גבול ושעור:

ודע כי כל משוער בגבול יש לו גשמות, **וכל הנתפש בהרהור הלב** קרוי גוף ואפילו הרוח, והספירות שורש הגבול ונתפשות בהרהור הלב. ועם כל זה אין זה העניין בהם חלילה כשאר הנתפשים בהרהור הלב, אף על פי שהם דברים רוחניים, שהרי האצילות שהוא האלהות, אין לצייר בו הרהור דמיון גשמות וגוף חלילה, אפילו במחשבה והרהור, שהרי כתיב - כי[15] לא ראיתם כל תמונה ביום דבר הוי"ה אליכם בחרב מתוך האש:

עם שהגיעו למדרגת הנבואה ומופשטים היו ממחשבת גוף והרהור גשמות, וכתיב - ואל[16] מי תדמיון אל ומה דמות ערכו לו. וכתובים רבים באו בתורה ובדברי הנביאים בהזהרת זה, ושלא יביאו בדמיונם ובהרהורי לבם, שיש גוף וגשמות חלילה, כי האומר כן חלילה - עובד עבודה זרה **וקוצץ**[17] **בנטיעות:**

ואם באו בתורה דברים מורים על הגשמות הנה הוצרכו להיכתב בלשון. ההוא לא להבין שיש שם גוף וגשמות חלילה אלא להורות על עניינים נעלמים מאד ממחשבת בני אדם אפילו מהמתחכמים שבהם, כתבתים בחיבורי הגדול[18] אשר קראתיו **חלק התכלית,**

---

[15] דברים ד, טו

[16] ישעיהו מ, יח

[17] עיין חגיגה יד, ב

[18] עבודת הקודש חלק ג פרק כו

ואין בכאן מקום וצורך להאריך בהם, כי יארך הדבור בהם מאד, ואין הכוונה בכאן כי אם לקצר, והרוצה לעמוד על עיקרן ואמיתתן של דברים דברי הייחוד יעיין שם. ועם כל זה לא ראיתי לסגור השער בפניך מכל וכל, ולהועילך בקצת אשמיעך דברים בהם ישקוט וינוח ליבך עד אשר תפרה ונחלת ואז תעמוד על בירורן של דברים בשלמות:

והם דברי המאור הקדוש ע"ה בספר התיקונין[כג] וזה לשונו שם - ואית[19] פקודין דתליין מגופא כעונבין באתכלא. אמר ליה רבי אלעזר אבא, והא לעילא אוקמוה דלית גוף ולית גויה. אמר ליה ברי בעלמא דאתי דאיהי אמא עילאה. אבל לתתא אית גופא בעלמא דין דאיהי שכינתא תתאה וגופא איהו אוריתא דמינה תליין כל פקודין, עד כאן:

וְאִית[20] פְּקוּדִין דְּתַלְיָין מִגּוּפָא כְּעִנְבִין דְּאִתְכָּלָא. אָמַר לֵיהּ רַבִּי אֶלְעָזָר, אַבָּא, וְהָא לְעֵילָא הָא אוּקְמוּהַ דְּלֵית גּוּף וְלֵית גּוּיָה, אָמַר לֵיהּ בְּרִי, לְעָלְמָא דְּאָתֵי אִתְּמַר דְּאִיהִי אִימָּא עִלָּאָה, אֲבָל לְתַתָּא אִית גּוּפָא בְּעָלְמָא דֵין דְּאִיהִי שְׁכִינְתָּא תַּתָּאָה, וְגוּפָא אִיהִי אוֹרַיְיתָא, דְּמִינָה תַּלְיָין כָּל פִּקּוּדִין

לשון[כג] הזוהר עם תרגום - וְיֵשׁ מִצְוֹת הַרְבֵּה הַתְּלוּיוֹת מִן הַגּוּף כַּעֲנָבִים בָּאֶשְׁכּוֹל, אָמַר לוֹ רַבִּי אֶלְעָזָר - אַבָּא [רַבִּי שִׁמְעוֹן] הֲרֵי לְמַעְלָה פֵּרְשׁוּ הַחֲבֵרִים, שֶׁאֵין גּוּף וְגוּיָה. אָמַר לוֹ בְּנִי, זֶה נֶאֱמַר עַל הָעוֹלָם הַבָּא שֶׁהִיא אִמָּא עִלָּאָה, אֲבָל לְמַטָּה בָּעוֹלָם הַזֶּה יֵשׁ גּוּף, שֶׁהִיא הַשְּׁכִינָה הַתַּחְתּוֹנָה הַנִּקְרֵאת עוֹלָם הַזֶּה, וְהַגּוּף שֶׁלָּהּ הוּא הַתּוֹרָה שֶׁבִּכְתָב, שֶׁמִּמֶּנּוּ תְּלוּיוֹת כָּל הַמִּצְוֹת שֶׁבְּמַלְכוּת.

---

¹⁹ תיקוני הזוהר, תיקון ע' קלא, א
²⁰ תיקוני הזוהר, תיקון ע' קלא, א

ואתה עשה אזנך כאפרכסת ותן לב להבין בפירוש דבריו דברים שהם כבשונו של עולם בם יאורו עיניך, ומהם תעמוד על האמת בעסק התורה וקיום מצותיה ועבודת התפלה כי זה כל האדם:

דע להבין זה כי המאור הקדוש ע"ה אמר - כי כל המצות נחלקות לאיברי האדם, **ועשה מן התורה** דמיון גוף כגוף אדם, ואמר שיש מצות תלויות בראש, ויש בעינים, ויש באזנים, וכן בשאר האיברים, וכשתשכיל בזה תמצא שהתורה כולה בגוף האדם, והיה זה כן לפי שבאה מאדם כמו שידעת ונתנה לאדם:

ולפיכך הוצרכה להתחלק באיברים לרמוז עליו ולזה קיומה תלוי בגוף אדם ובאיבריו, ולפיכך המקיים המצווה התלויה באבר זה, מחזיק ומשלים האבר שהמצווה תלוי בו באיברי המרכבה, ולפיכך המקיים כל המצות הרי צלמו ודמותו שלם, והוא בדוגמת האדם העליון היושב על הכסא ובצלמו, ושכינה שורה עליו, שהרי השלים כל איבריו, וגופו נעשה כסא ומעון אל הדמות שהוא לעומתו. ומכאן תבין סוד - עת[21] לעשות להוי"ה:

ומכאן תבין כי התורה יש לה נשמת חיים, ולפיכך בקיומה מתנועעת לעשות פירות ופרי פירות, והוא קיום הייעודים שבאו בה למקיימים אותה. וטעם זה כי העושה המצווה כתקנה ועל הכוונה הראויה, המצווה ההיא מתעוררת ועולה ומתקשרת עם דוגמתה למעלה, בסוד הדמות שבאה ממנו, ולפיכך יש בה כח לקיים הייעוד ההוא הבא בה לעוסקים בה ומקיימים אותה כי רוח חיים בה, לפי זה חומר וצורה וגוף ונפש, קדושתה מרובה, וצריך לנהוג בה וכבוד ולעסוק בה בידיים טהורות טהור, והמוסיף טהרה וקדושה כשעוסק בה ובמצוותיה, הרי הוא מוסיף בה מעלה וכבוד

ובדוגמתה למעלה וקדושה וטהרה.

וכן כשאדם עוסק בתורה, אותם הדברים שהוא מוציא מפיו אם הם בכוונה ראויה עולים למעלה, וחלים ומתקשרים עם דוגמתם שהרי תורה מתורה. וכן כשאדם מתפלל ומכוין בתפלתו הכוונה הראויה, אותם הדברים עולים וחלים ומייחדים את השם הגדול באותיותיו. ולולי הדברים ההם והתיבות והאותיות יש בהם נשמה ורוח חיים לא היה מקום לשום דבר מזה:

ודע כי נשמת התורה היא השכינה סוד **ה'** אחרונה והתורה לבושה, ומכאן תבין סוד כל מה שכתבתי למעלה בעניין זה:

ובספר התיקונין, ובזוהר[כד] - אוריתא[22] דבריאה איהי לבושה דשכינתא אם אדם לא הוה עתיד למיברי הות שכינתא בלא כסוייא כגוונא דעני, ובגין דא כל מאן דחב כאלו אפשיט לשכינתא מלבושהא והאי עונשא לאדם, עד כאן.

אוֹרַיְיתָא דְּבְרִיאָה אִיהוּ לְבוּשָׁא דִשְׁכִינְתָּא. וְאִי אָדָם לָא הֲוָה עֲתִיד לְמִבְרֵי הֲוַת שְׁכִינְתָּא בְּלָא כְּסוּיָיא כְּגַוְונָא דְעָנִי. וּבְגִין דָּא כָּל מָאן דְּחָב כְּאִלוּ אַפְשִׁיט לִשְׁכִינְתָּא מַלְבּוּשָׁהָא. וְהַאי אִיהוּ עוֹנָשָׁא דְּאָדָם. לְשׁוֹן[כד] הזוהר עם תרגום - הַתּוֹרָה[23] שֶׁל בְּרִיאָה הִיא לְבוּשׁ הַשְּׁכִינָה, וְאִם אָדָם לֹא הָיָה עָתִיד לְהִבָּרְאת, הָיְתָה הַשְּׁכִינָה בְּלִי כִּסּוּי כְּמוֹ עָנִי. וְלָכֵן כָּל מִי שֶׁחָטָא, כְּאִלוּ הִפְשִׁיט לַשְּׁכִינָה אֶת מַלְבּוּשֶׁיהָ, וְזֶהוּ עֹנֶשׁ הָאָדָם.

ודע כי הקבלה היא נשמתא דאוריתא, ולפיכך אין שלמות התורה

---

[22] זוהר חלק א כג, ב
[23] זוהר בראשית כג, ב

אלא בה כמו שאין שלמות לגוף בלתי נשמה:

והשכינה נקראת **קבלה**, כי היא נשמת התורה והיא כגוף אליה. ובמה שכתבתי יתבאר לך מה שאמר המאור[24] הקדוש ע"ה במאמר שכתבתי למעלה, באמרו - אית גופא בעלמא דין דאיהי שכינתא תתאה. וכבר ידעת כי העולם הבא **ה'**[25] ראשונה והעולם הזה **ה'**[26] אחרונה, אמר כי בעולם הזה יש גוף לא אמר כי העולם הזה הוא גוף ח"ו, אלא יש לו גוף ואמר וגופא איהו אוריתא דמינה תליין כל הנה ביאר בפירוש כי התורה גוף והיא כנשמה אליה, וביאר הטעם דמינה תליין כל פקודין וכעניין למעלה:

ומכאן יתבאר למה בעולם גוף, ובעולם הבא אין גוף. והכלל העולה שם **גוף וגשמות חלילה**, כי אם על הדרך שרמז המאור הקדוש ע"ה, וכעניין שכתבתי:

עוד יש דרך אחרת בזה והוא דק ואמיתי נגלה לעין הביאוהו בספר הזוהר[27] - והוא כי כל העולמות נתקנו כתיקון אדם שיש בו גוף ונפש, כי העולם של מטה הוא בדמות נרתק וגוף לשל מעלה לו, נמצא כי זה העליון בדמות גוף לשל מעלה ממנו, והוא כדמות נשמה לשל מטה ממנו, וכעניין זה כל העולמות עד עולם האצילות. ועולם האצילות כל אחת מהמידות כעין נרתיק וגוף לשל מעלה ממנה, וכעין נשמה לשל מטה ממנה וכן כולם, ולפיכך עולם האצילות הוא כדמות גוף ל**אין סוף** והוא כנשמה לו, ולפיכך נקרא בפי החכמים **נשמה לנשמות**:

---

[24] הרשב"י - רבי שמעון בר יוחאי
[25] בשם הוי"ה - **יהו**"ה
[26] בשם הוי"ה - יהו"**ה**
[27] זוהר חלק א כ, א

ומכאן יתבאר לך כי אין שם גוף וגשמות חלילה, אבל העניין הוא על הדרך שכתבתי. ובמה שכתבתי בזה נשלמה הכוונה בזאת השאלה. ובזה נשלמה הכוונה בזאת השאלה השמינית:

ספר דרך אמונה

ט. מה שמם ומקומם רוצה לומר כוונת שמם:

ומה ששאלת הספירות האלה אימתי היו וכו'. לזאת השיב הרב עזריאל וז"ל, יש מהספירות שהיו **בכח באין סוף** קודם צאתם אל הפועל, כמו הספירות האחת שהיא שווה לכולם. ויש בהם במושכל, שנאצלו מאז כמו ספירות השנייה שממנה תורה שקדמה לבריאתו של עולם.

ויש מהם במורגש, ויש בהם במוטבע, כמו הספירות שהם צורך העולם שנאצלו עתה מקרוב לבריאת עולם, ולפי שכח זה בזה בהימצא שתי הספירות שהם כח נעלם הראשון, ומושכל מציאותם מספיק אל האחרונות, כמו שאמרו רז"ל - והלא[1] במאמר אחד יכול להיבראות:

ועל מה ששאלת אם כן היו בהשוואתו, אף על פי שאין להמשיל משל לאין סוף, לקרב הדבר לדעתך המשל הדבר לנר שמדליקין ממנו אלפי רבבה, וזה מאיר יותר מזה וכולן שווים בהשוואת האור הראשון, וכולן מעיקר אחד, ואין לדמות זה לזה ואין לדמות קדימתן לקדימתו, כי הוא יותר מהם וכחם אצול ממנו, מפני יתרון קדימתו ואין חידוש מתחדש בו, אלא שנתגלה כח אצילותו בחילוק הוייתן, ולכך אין לומר שהיה חידוש מדעת אצלו, אף על פי שאין חוץ ממנו, עד כאן דבריו:

והם דברים טובים ונכוחים למבין וישרים מספיקים, ועם כל זה ראיתי להרוויח לך בין הנקבים הצרים ודחוקים להוציא האורה ולחוץ, ובמה שאוסיף יתבארו לך דבריו בשלמות:

שנינו בפרקי רבי אליעזר - עד[2] שלא נברא העולם היה הקדוש ברוך הוא ושמו בלבד:

דע כי האצילות קדם אל בריאת העולם, שהוא סיבת הבריאה, והסיבה קודמת למסובב בהכרח. ובספר[כה] רעיא מהימנא - אינון[3] שית ספירות דאתקריאו שנים קדמוניות לבריאת עלמא דאינון שיתא אלפין שנין הוי עלמא מסטרא דאמא עילאה ומסטרא דשכינתא תתאה אתקריאו ירחין ובגין דאקדימו לעלמא ולכל בריין אתקריאו בכורים, עד כאן:

אִינּוּן שִׁית סְפִירָאן, דְּאִתְקְרִיאוּ שָׁנִים קַדְמוֹנִיּוֹת לִבְרִיאַת עָלְמָא, דְּאִינּוּן שִׁיתָא אַלְפֵי שְׁנִין הֲוֵי עָלְמָא, מִסִּטְרָא דְּאִימָּא עִלָּאָה. וּמִסִּטְרָא דְּאִימָּא תַּתָּאָה, אִתְקְרִיאוּ יַרְחִין. וּבְגִין דְּקַדְמוּ לְעָלְמָא, וְכָל בְּרִיָּין, אִתְקְרִיאוּ בְּכוּרִים.

לְשׁוֹן[כה] הַזּוֹהַר עִם תַּרְגּוּם - אֵלּוּ[4] שֵׁשׁ סְפִירוֹת, שֶׁנִּקְרָאוֹת שָׁנִים קַדְמוֹנִיּוֹת לִבְרִיאַת הָעוֹלָם, שֶׁהֵן שֵׁשׁ אֶלֶף שָׁנִים שֶׁקַּיָּם הָעוֹלָם, מִצַּד שֶׁל אִמָּא עֶלְיוֹנָה. וּמִצַּד שֶׁל אִמָּא תַּחְתּוֹנָה נִקְרָאִים חֲדָשִׁים. וּמִשּׁוּם שֶׁקַּדְמוּ לָעוֹלָם וּלְכָל הַבְּרִיּוֹת, נִקְרָאִים בְּכוּרִים.

---

[2] פרקי רבי אליעזר פרק ג
[3] זוהר חלק ג רנג, א
[4] זוהר פנחס רנג, א

וקודם שנאצל[5] היה אדון יחיד הוא **אין סוף** ושמו בלבד, והכוונה בשמו הוא אויר הקדמון, כי הוא קדמון כקדמותו, לפי שאין השם נבדל מן העצם והוא עלה לשמו, ובו היה כל האצילות בכח, וכשהגיעה **עת הרצון והחפץ הפשוט** להמציא הנבראים האציל מן ה-**אין יש** שהוא כלי לבריאה:

ולפי שראה שאי אפשר להתקיים, האציל **התשובה** שהיא **בינה**, ומציאותן הספיק אל השאר. ואחר כך האציל מה שהיה בו צורך הבריאה בפועל והם שבעת ימי בראשית, כי **מחסד** התחלת הבריאה כעניין - אמרתי[6] עולם חסד יבנה. וכח זה בחפץ ורצון פשוט. ואין ליחס לרצון זה שום שנוי חלילה, על שרצה אז ולא קודם, כי זהו עניין הרצון שירצה בעת שרצה, ולא קודם, כי בלתי זה לא יכונה רצון ולא יצויר כלל:

ואם כן אין להקשות למה היה מה היה אצילותם עתה ולא קודם, ומכאן יתבאר לך עוד שהוא עילה לשמו כמו שכתבתי, ואם כן אינו בהשוואתו כי הוא יותר מהם כמו שכתבתי, וכחם אינו אלא מכוחו עם שהכל שוה בהשוואת האחדות, ואם כן אין לדמות קדימתן לקדימותו, עם שהכל היה כמוס וגנוז בעמקי ה-**אין** שהוא שמו, וקדמון כקדמותו, שהרי הוא עילה לשמו כמו שכתבתי. ולרמוז לזה שנינו בספר יצירה - עשר[7] ספירות בלימה מדתן עשר שאין להם סוף נעוץ סופן בתחילתן ותחילתן בסופן כשלהבת קשורה בגחלת שאדון יחיד הוא ואין שני לו ולפני אחד מה אתה סופר.

הורה לנו בזה המשל כי נמנע הוא המצא העלול מבלי העילה כמו

---

[5] **היב"ש** - ר"ל כל הבריאה

[6] תהלים פט, ג

[7] ספר יצירה פרק א משנה ו

שנמנע המצא השלהבת בלי גחלת, ואם כן אין לדמות קדימתן לקדימותו. והורה לנו גם כן שאין העילה צריכה לעלול, כמו שאין הגחלת צריכה לשלהבת, ואם כן אינה בהשוואה אחת. וכתב בעל מערכת האלהות ז"ל - עוד[8] יש לך לדעת כי האצילות אשר זכרנו, ואשר אזכור עוד ממנו, בעבודת האדם אינו עניין שנשתנה או שנתחדש במאציל או בנאצל, דבר אשר לא היה טרם האצילות חלילה, כי כבר זכרנו כי אצילות הספירות הוא האלהות יתברך, ואמרנו בדגל מחנה האמונה כי האלהות לא ישתנה מדבר לדבר:

אבל עניין האצילות הוא שנתגלה בו כח הכמוס והחתום, לצאת מן **הכח אל הפועל**. והמשל בזה מהדלקת הנר מהגחלת ומעלה להבה, כי לא נודע להבה בגחלת עד צאתה לפועל לאור העיניים. וידוע כי הלהבה בגחלת בכח ובצאתה מן הכח לאור בפועל, אין חידוש בלהבה, אך הפועל שהוא האור חידוש לרואה עתה ולא טרם. גם בצאת הלהבה מן הגחלת, אין חיסרון בגחלת, אבל יש בגחלת על השלהבת מעלה לעיני הרואה, בה עתה ולא טרם הירָאותה, ר"ל טרם השלהבת והנה קדמה במעלה, כן הוא הנמשל באצילות כי הספירות שהם הכוחות, הם במאציל עד עלות הרצון ממנו יתברך להתגלות, לצאת מן הכח אל הפועל, ר"ל היות כל כח וכח יסוד לפעולה העתידה לצאת ממנה בעולם השפל, בשלמות תחילת המחשבה, ולא יתערב דברו בדברו עד עלות הרצון, כאשר יתבאר בטעם וידבר מזה בדגל מחנה בנימין:

קצרו של דבר אין חיסרון במאציל, ולא חידוש בנאצל, אך מעלת המאציל על הנאצל בהקדמה כמעלת הגחלת על השלהבת, עד כאן:

ולשלמות העניין אכתוב לך מה שפירש בו בעל מנחת יהודה ז"ל -

---

[8] מערכת השמות פרק ג

דע לך אחי כי הנקודה שאמרתי למעלה, שהיא האצילות, לא
נתחדש אצל מאצילה דבר, כי ה-**אין סוף** הוא שלמות בלי חיסרון,
ואצל השלם לא יחסר דבר, כי הכל היה כמוס בו באחדותו השווה,
אשר אין בו לא תמורה ולא שנוי, אלא הכל באחדות הפשוט, והיה
בו כמים בספוג, וכגחלת אשר השלהבת כמוסה בה, לא יחסר בה
כי אם הרחיפה, ואף על פי שהשלהבת נראה דבר נבדל בעצמו מן
הגחלת, לפי האמת קשורה בה והגחלת מתאחדת באש השלהבת:

וכן באצילות לא נתחדש אצל השלם כי הכל היה בו מאחר שכל
הנבראים באו ממנו והוא הדפוס להם, אבל היה הרחיפה לבד והוא
החפץ הפשוט הקדמון לא היה לברוא ברואים עד העת שנפשו
אותה ויעש. וכעניין זה אין לנו לשאול בו למה אז ולא קודם,
והזהירנו בתורה על זה בפסוק - כי[9] שאל נא לימים ראשונים אשר
היו לפניך למן היום אשר ברא אלהים אדם על הארץ ולמקצה
השמים ועד קצה השמים הנהיה כדבר הגדול הזה או הנשמע כמהו:

לא בדברים שהיו קודם, ומאז נתעורר הרצון והחפץ הפשוט
לברוא נבראים, החפץ הזה הוא הרחיפה בגחלת, והיה סיבה
להתגלות השלהבת. ועל זה אמר הכתוב - ורוח[10] אלהים מרחפת
על פני המים. כי הרוח נקרא **רצון** שנאמר - ואיש[11] אל עבר פניו
ילכו אל אשר יהיה שמה הרוח ללכת ילכו לא יסבו בלכתן. שלא
היה חסר אלא אותה הרחיפה, והרחיפה היא החפץ אשר אמר -
יהי[12] אור ויהי אור. והאור הוא עשר ספירות אשר באו בנקודה,
עד כאן:

---

[9] דברים ד, לב
[10] בראשית א, ב
[11] יחזקאל א, יב
[12] בראשית א, ג

וכתב עוד - ועל האצילות הזה אשר הוא האור הנזכר במעשה בראשית, אמר בספר הבהיר ז"ל - אמר[13] רבי ברכיה מאי דכתיב - ויאמר[14] אלהים יהי אור ויהי אור. ולא אמר **והיה**, משל למלך שהיה לו חפץ נאה, והקצהו עד שזמן לו, מקום ושמו שם, הדא הוא דכתיב - **ויהי אור** שכבר היה, עד כאן:

ראה גם ראה היאך רמזו בזה המאמר מה שאמרנו כי לא נתחדש דבר אצלו. ועל כן אמר - משל למלך שהיה לו חפץ נאה, כלומר **האור** הזה, כבר היה שאינו דבר חוץ ממנו יתברך, והיה נעלם ונסתר, עד שעלה הרצון לפניו והמשיך ההויו"ת הסתומים, כעניין שנאמר - בחלמיש[15] שלח ידו הפך משרש הרים. וייחד לכל אחד ואחד כוחו ופעולתו וזה עד שזמן לו מקום רמז לאצילות ההויו"ת ולתת להם חיותם כדי שיוכלו לפעול פעולתם, עד כאן:

ואמר עוד, ר"ל כל כח וכח יסוד לפעולה וכו', נראה מזה שנזהר מקושיה גדולה, והיא - כי הדבר שהיא בכח ויצא אל הפועל, הוא מצד שהוא עד כאן, היה חסר דבר מה אשר בעבורו לא יצא לפועל עד עתה ועתה הוסר המונע ההוא ויורחק האל מגרעון כזה, לזה אמר ר"ל היות כל כח וכח יסוד לפעולה העתידה לצאת ממנו, ר"ל איננו בכח אצלו, כי אם בערך המקבלים, כי לא יקרא פועל כי אם כשיש נושא מקבל הפעולה, ובעוד שאין מקבל נאמר שזאת הפעולה היא בכח, ולפי זה החיסרון עד כאן לא היה מצדו, כי אם מצד העדר המקבלים, שלא היו עדיין.

וידוע כי כל הוי"ה היא יסוד לדבר שדוגמתה בעולם השפל, על

[13] ספר הבהיר סימן כה
[14] בראשית א, ג
[15] איוב כח, ט

דרך משל **החסד** ממונה על גומלי חסדים, וכן בכל המידות בזה הערך. על כאן דברו:

ומה שאמר, ולא יערב דבר בדבר עד עלות כו', מבואר במה שהקדמתי בשאלה השנייה שאם היה נאצל מ-**אין סוף** מידה אחת לבד, חויב כי מן הפשוט לא יצא כי אם פשוט, ויחויב שהנבראים יהיו כפי אותה מידה, ולזה הוכרח חלוק וחלוף המידות להיותם שורש והתחילה לנבראים כמו שכתבתי שם. ובמה שכתבתי תבין דברי הרבי עזריאל ז"ל, ויתבארו לך ספקותיך ויאורו עיניך:

ועל מה שהקשית לשאול עוד אם כן שהם קדומות, איך שייך בהם **דין ורחמים** הרי לא היה צריך לדין שעדיין לא באו הנבראים. כבר כתבתי שהוכרח אצילות הספירות לצורך הנבראים, וכן אמרו ז"ל בספר הבהיר - מדבריך[16] נלמוד שצורך העולם הזה ברא הקדוש ברוך הוא קודם לשמים. וכתבתי כי הוצרך להיות בעליונים שורש ויסוד לכל מה שמעוררים התחתונים, ולפיכך הוצרך שיהיה האצילות כלול מדין ורחמים להשכיר ולהעניש. ואפילו אחר שנבראו הנבראים אם לא יעוררו את הדין לא יתעורר, ולא יורגש למעלה כי אין שם כי אם אחדות שווה ופשוטה כי אין ההפוכים ודין ורחמים ושאר השנויים, כי אם מצד הנבראים לא מצד האצילות, כמו שכבר הארכתי בזה:

ואם כן אין לשאול איך שייך בהם דין ורחמים כו'. ובמה שכתבתי בזה נשלמה הכוונה בזאת השאלה התשיעית:

---

16 ספר הבהיר אות כג

ספר דרך אמונה

תשובה לשאלה העשירית

י. ברור וגלוי שמאה ברכות הם כנגד מאה האדנים שהם כנגד עשר ספירות שכל אחת כלולה מעשר. הודיעני איך כל אחת כלולה מעשר, בהיות שכתר עליון היא רחמים גמורים ופשוטים, ואין בו תערובת דין. ועוד על זה הרי **מלכות** שנקראת - יבשה, וימה - וכל[1] הנחלים הולכים אל הים. ואין לה אלא מה ששופכין בה, אם כן איך הם מאה:

ומה ששאלת מהו מהותם. דע כי טרם הגלות סוד האצילות מאויר הקדמון היה הכל בו כל דבר וכל תמורה בהשוואת האחדות אשר אין כל בריה יכולה להשיג אמיתת זה איך היה בו באחדות שווה, וכשנאצל הכל משם בפועל בא ברושם ההוא, ובחותם ההוי"ה יותר נרגש ויותר נגלה להיות הצורך בו לנבראים, לטעם הנפלא אשר כתבתי בשאלה החמישית. ואשר יורה על זה הוא היות הדבר ותמורתו וטוב ורע מעורבים ברצון הנפש, ואם כן הוא שווה לכל דבר ולכל תמורה.

ולכן יש לדמות מהות הספירות לרצון הנפש שהוא שווה לכל החפצים, ולכל המחשבות המתפשטות ממנו, אף על פי שהם רבים ומשתנים אין עיקרן אלא אחד כדבר וכתמורתו. כן מהות הספירות שווה לכל דבר ולכל תמורה שאם לא היה בהם כח שווה לא היה בהן כח לכל תמורה ולכל דבר, כי מה שהוא אור איננו חושך, ומה

שהוא חושך איננו אור.

וכל הדברים ותמורתם צריך שיהיה להם שורש ויסוד למעלה לצורך הנבראים, וכבר כתבתי בזה כל הצורך. ובספר הבהיר מן השער היוצא הרע יוצא הטוב, הנה ביארו כי כוחם שווה לכל דבר ולכל תמורה, ולפי שיש בהם שורש ויסוד לכל הדברים, וכוחם שווה לכל דבר, ולכל תמורה האדם שנתקן ונעשה **בדמות וצלם** העליונים, יש בו הכח ההוא עצמו, ולפיכך יש בידו הבחירה ויכול במעשיו לעורר הדברים העליונים כפי מה שיעורר למטה טוב או רע כי הוא כלול מהכל:

ובספר[1] הזוהר[2] אמרו בזה הלשון - והתקדשתם[3] והייתם קדשים כי קדוש אני. מאן דמקדש גרמיה מלרע מקדשין ליה מלעילא. מאן דמסאיב גרמיה מלרע מסאבין ליה מלעילא. מקדשין ליה יאות דהא קדושה דמאריה שריא עליה. אבל מסאבין ליה מאן אתר איתימא מלעילא וכי מסאבותא שריא לעילא, אמר רבי חייא היינו דתנינן כעובדא דלתתא אתער עובדא לעילא אי עובדא איהו בקדושא אתער קדושא לעילא ואתיא ושריא עליה ואתקדש ביה. ואי איהו אסתאב לתתא אתער רוח מסאבותא לעילא ואתי ושריא עליה ואסתאב ביה דהא בעובדא תליא מילתא דהא לית לך טב או ביש קדושא או מסאבותא דלית ליה עיקרא ושורשא לעילא. בעובדא דלתתא אתער עובדא לעילא, עד כאן:

פָּתַח רבי יוֹסֵי וְאָמַר, כְּתִיב - וְהִתְקַדִּשְׁתֶּם[4] וִהְיִיתֶם קְדוֹשִׁים. מַאן דְּמַקַדֵּשׁ גַּרְמֵיהּ מִלְּרַע, מְקַדְּשִׁין לֵיהּ מִלְּעֵילָא. מַאן דְּמַסְאִיב גַּרְמֵיהּ

---

[1] זוהר חלק ג לא, ב
[2] ויקרא יא מד
[3] זוהר ויקרא לא, א

מִלְּרַע, מְסָאֲבִין לֵיהּ מִלְעֵילָּא. מְקַדְּשִׁין לֵיהּ מִלְעֵילָּא יָאוֹת, דְּהָא קֻדְשָׁה דְּמָארֵיהּ שַׁרְיָא עֲלֵיהּ, אֲבָל מְסָאֲבִין לֵיהּ מַאן אֲתָר. וְאִי תֵּימָא מִלְעֵילָּא, וְכִי מְסָאֲבוּתָא שַׁרְיָא לְעֵילָּא.

לְשׁוֹן הַזּוֹהַר עִם תַּרְגּוּם - פָּתַח רַבִּי יוֹסֵי וְאָמַר, כָּתוּב - וְהִתְקַדִּשְׁתֶּם וִהְיִיתֶם קְדֹשִׁים. מִי שֶׁמְּקַדֵּשׁ אֶת עַצְמוֹ מִלְּמַטָּה, מְקַדְּשִׁים אוֹתוֹ מִלְמַעְלָה. וּמִי שֶׁמְּטַמֵּא אֶת עַצְמוֹ מִלְּמַטָּה, מְטַמְּאִים אוֹתוֹ מִלְמַעְלָה. מְקַדְּשִׁים אוֹתוֹ מִלְמַעְלָה - נָאֶה, שֶׁהֲרֵי קְדֻשַּׁת רִבּוֹנוֹ שׁוֹרָה עָלָיו, אֲבָל מְטַמְּאִים אוֹתוֹ מֵאֵיזֶה מָקוֹם. וְאִם תֹּאמַר מִלְמַעְלָה, וְכִי טֻמְאָה שׁוֹרָה מִלְמַעְלָה.

אָמַר רַבִּי חִיָּיא, הַיְנוּ דְּתָנֵינָן, בְּעוֹבָדָא דִּלְתַתָּא אִתְּעַר עוֹבָדָא לְעֵילָּא. אִי עוֹבָדָא דִּלְתַתָּא הִיא בִּקְדוּשָׁה, אִתְּעַר קְדוּשָׁה לְעֵילָּא, וְאָתֵי וְשַׁרְיָא עֲלֵיהּ, וְאִתְקַדַּשׁ בֵּיהּ. וְאִי אִיהוּ אִסְתָּאַב לְתַתָּא, אִתְּעַר רוּחַ מְסָאֲבוּתָא לְעֵילָּא, וְאָתֵי וְשַׁרְיָא עֲלֵיהּ, וְאִסְתָּאַב בֵּיהּ. דְּהָא בְּעוֹבָדָא תַּלְיָא מִלְּתָא.

אָמַר רַבִּי חִיָּיא, זֶה שֶׁשָּׁנִינוּ, בְּמַעֲשֶׂה שֶׁלְּמַטָּה מִתְעוֹרֵר מַעֲשֶׂה שֶׁלְּמַעְלָה. אִם הַמַּעֲשֶׂה שֶׁלְּמַטָּה בִּקְדֻשָּׁה, מִתְעוֹרֶרֶת קְדֻשָּׁה לְמַעְלָה, וּבָאָה וְשׁוֹרָה עָלָיו וּמִתְקַדֵּשׁ בָּהּ. וְאִם הוּא מְטַמֵּא לְמַטָּה, מִתְעוֹרֶרֶת רוּחַ טְמֵאָה מִלְמַעְלָה, וּבָאָה וְשׁוֹרָה עָלָיו וְנִטְמָא בָּהּ, שֶׁהֲרֵי הַדָּבָר תָּלוּי בְּמַעֲשֶׂה.

דְּהָא לֵית לָךְ טַב וּבִישׁ, קֻדְשָׁא וּמְסָאֲבוּתָא, דְּלֵית לֵיהּ עִקָּרָא וְשָׁרְשָׁא לְעֵילָּא. וּבְעוֹבָדָא דִּלְתַתָּא אִתְּעַר עוֹבָדָא דִּלְעֵילָּא, מַה דְּתַלְיָ בְּעוֹבָדָא, בְּעוֹבָדָא אִתְּעַר לְעֵילָּא, וְאִתְעֲבִיד עוֹבָדָא. וּמַה דְּתַלְיָ בְּמִלִּין, בְּמִלִּין. כַּד אִתְגְּזַר בְּמִלָּה, אִתְּעַר הָכִי לְעֵילָּא.

שֶׁהֲרֵי אֵין לְךָ טוֹב וָרָע, קְדֻשָּׁה וְטֻמְאָה, שֶׁאֵין לָהֶם עִקָּר וְשֹׁרֶשׁ לְמַעְלָה, וּבַמַּעֲשֶׂה שֶׁלְּמַטָּה מִתְעוֹרֵר מַעֲשֶׂה שֶׁלְּמַעְלָה. מַה שֶּׁתָּלוּי בְּמַעֲשֶׂה, בְּמַעֲשֶׂה מִתְעוֹרֵר לְמַעְלָה וְנַעֲשֶׂה מַעֲשֶׂה. וּמַה שֶּׁתָּלוּי בִּדְבָרִים, בִּדְבָרִים. כְּשֶׁנִּגְזַר בַּדָּבָר, מִתְעוֹרֵר כָּךְ לְמַעְלָה.

הרי ביארו בפירוש כי לכל הדברים ולכל התמורות המתעוררים למטה יש להם שורש ועיקר למעלה שמתעוררים בהתעוררות התחתונים. ולפי שהתחתונים נתקנו בתיקון העליונים שכחן שווה לכל דבר ולכל תמורה, יש בהם כח לעוררם - וזה[5] לעומת זה עשה האלהים. והכל לתיקון העולם ולתועלתו:

והאדם שנתקן בתיקון זה, עד נאמן על האצילות שכחו שווה לכל דבר ולכל תמורה - כי[6] בצלם אלהים עשה את האדם. והאצילות מעיד בזה ומורה על המאציל, ועל הדרך שכתבתי למעלה, שבא רשום וחתום בחותמו:

ואם נאצל לא נפרד וכחו אינו אלא מכחו. ויש לזה עיקר גדול בתורה באמרו - ראו[7] עתה כי אני אני הוא ואין אלהים עמדי אני אמית ואחיה מחצתי ואני ארפא ואין מידי מציל. ופירוש הכתוב, כפי הכוונה כי אין מי שיוכל לומר - **אני אני הוא** כי אם בעל הכוחות כולם, שכחו שווה לכל דבר ולכל תמורה ולזה אמר - **אני אני**, שמא תאמר שעם זה חלילה יש בו שנוי, אמר הוא לומר שהוא בחיות אחד מיוחד. ואמר - **אני אמית ואחיה** לומר שהוא פועל כל ההפכים בכח אחד פשוט, ובכח הזה הוא **ממית ומחיה** במידה אחת, והוא מכלה ומקיים מוחץ ורופא והכל במידה וקצב אחד:

ואמר - **ואין אלהים עמדי**, לומר שכח זה אינו בשום כח עליון ותחתון כי אינם יכולים על דבר ותמורתו כי כחם מוגבל:

---

[5] קהלת ז יד
[6] בראשית ט ו
[7] דברים לב, לט

ובמדרש[8] - מלך בשר ודם כשהוא בכעס אינו ברצון, אבל הקדוש ברוך הוא אינו כן, אלא כשהוא **בכעס הוא ברצון** שנאמר - בשקו[9] בר פן יאנף ותאבדו דרך כי יבער כמעט אפו אשרי כל חוסי בו. **כי יבער כמעט אפו** על אומות העולם. אבל ישראל **אשרי כל חוסי בו** - אלו ישראל שהם חוסים בו בכל עת, שלא יבער אפו, עד כאן:

ובספר[10] הזוהר - ואיתימא[10] הא אתוון תליתאי מאי טעמא לאו אינון כתיבין מנהון לאורח מישר כסדורן ומנהון למפרע דהא תנינן - אתה[11] כוננת מישרים משפט וצדקה ביעקב אתה עשית. לישראל להאי סטרא ולהאי סטרא קדוש הוא עביד מישרים לתרי סטרי. וכתיב - והבריח[12] התיכן בתוך הקרשים מבריח מן הקצה אל הקצה. דא קדוש ברוך הוא. רבי יצחק אמר דא יעקב וכלא חד. אלא למלכא דהוה שלים מכלא דעתוי שלים מכלא מה ארחיה דההוא מלכא, אנפוי נהירין תדיר בגין דאיהו שלים מכלא וכד דאין לטב דאין לביש מאן דאיהו טפשא חמי אנפוי דמלכא נהירין לא אתסמר מניה. דאיהו חכימא חמי אנפוי דמלכא נהירין אמר ודאי מכלא שלים מכלא מלכא דעתוי שלים. אנא חמי דבההוא נהירו דיליה דינא יתיב ואתכסיא אף על גב דלא אתחזיא דאי לאו הכי לא יהא מלכא שלים ועל דא בעי לאסתמרא מניה כך קדוש ברוך הוא שלים הוא תדיר בהאי גוונא ובהאי גוונא. אבל לא אתחזיא אלא בנהירו דאנפין ובגיני כך אינון טפשין חייבין לא אסתמרן מניה. ואינון חכימין זכאין אמרי מלכא שלים אף על גב דאנף וי מתחזין נהירין דינא אתכסיא בגויה בעי לאסתמרא מניה. אמר רבי יהודה

---

[8] מדרש תהלים ב, יב

[9] תהלים ב יב

[10] זוהר חלק ב נא, ב

[11] תהלים צט, ד

[12] שמות כו, כח

מהכא - כי[13] אני הוי"ה לא שניתי ואתם בני יעקב לא כליתם. לא דלגבא לאתרא אחרא בי אתכליל כלא הני תרי גווני בי כלילין בגיני כך כלא באורח מישר אתחזיין אף על גב דאתוון אחידן להאי סטרא ולהאי סטרא בסדורא כתיבין. עד כאן:

וְאִי תֵּימָא, הָנֵי אַתְוָון תְּלִיתָאֵי, מַאי טַעְמָא לָאו אִינּוּן כְּתִיבִין, מִנְּהוֹן בְּאֹרַח מֵישָׁר כְּסִדוּרָן, וּמִנְּהוֹן לְמַפְרֵעַ, לְיַשְּׁרָא לְהַאי סִטְרָא, וּלְהַאי סִטְרָא, דְּהָא תָּנֵינָן - אַתָּה כּוֹנַנְתָּ מֵישָׁרִים, קוּדְשָׁא בְּרִיךְ הוּא עָבִיד מֵישָׁרִים לִתְרֵי סִטְרֵי, וּכְתִיב - וְהַבְּרִיחַ הַתִּיכוֹן בְּתוֹךְ הַקְּרָשִׁים וְגוֹ', דָּא קוּדְשָׁא בְּרִיךְ הוּא. רִבִּי יִצְחָק אָמַר, דָּא יַעֲקֹב, וְכֹלָּא חַד.

לְשׁוֹן[יז] הַזוֹהַר עִם תַּרְגוּם - וְאִם[14] תֹּאמַר, מָה הַטַּעַם אֵינָן כְּתוּבוֹת הָאוֹתִיּוֹת הַשְּׁלִישִׁיּוֹת הַלָּלוּ, מֵהֶם בְּסֵדֶר יָשָׁר כְּסִדְרָם, וּמֵהֶם לְמַפְרֵעַ, לְיַשֵּׁר אֶת הַצַּד הַזֶּה וְאֶת הַצַּד הַזֶּה, שֶׁהֲרֵי שָׁנִינוּ, אַתָּה כּוֹנַנְתָּ מֵישָׁרִים - הַקָּדוֹשׁ בָּרוּךְ הוּא עָשָׂה מֵישָׁרִים לִשְׁנֵי הַצְּדָדִים, וְכָתוּב - וְהַבְּרִיחַ הַתִּיכוֹן בְּתוֹךְ הַקְּרָשִׁים וְגוֹ', זֶה הַקָּדוֹשׁ בָּרוּךְ הוּא. רִבִּי יִצְחָק אָמַר, זֶה יַעֲקֹב. וְהַכֹּל אֶחָד.

אֶלָּא לְמַלְכָּא דְּאִיהוּ שָׁלִים מִכֹּלָּא, דַּעְתֵּיהּ שָׁלִים מִכֹּלָּא, מָה אָרְחֵיהּ דְּהַהוּא מַלְכָּא. אַנְפּוֹי נְהִירִין כְּשִׁמְשָׁא תָּדִיר, בְּגִין דְּאִיהוּ שָׁלִים. וְכַד דָּאִין, דָּאִין לְטָב וְדָאִין לְבִישׁ. וְעַל דָּא בָּעֵי לְאִסְתַּמְּרָא מִינֵּיהּ. מַאן דְּאִיהוּ טִפְּשָׁא, חָמֵי אַנְפּוֹי דְּמַלְכָּא נְהִירִין וְחַיְּיכָן, וְלָא אִסְתָּמַר מִינֵּיהּ. וּמַאן דְּאִיהוּ חַכִּימָא, אַף עַל גַּב דְּחָמֵי אַנְפּוֹי דְּמַלְכָּא נְהִירִין, אָמַר מַלְכָּא וַדַּאי שָׁלִים הוּא, שָׁלִים הוּא מִכֹּלָּא, דַּעְתֵּיהּ שָׁלִים, אֲנָא חָמֵי דְּבַהַהוּא נְהִירוּ, דִּינָא יָתִיב וְאִתְכַּסְיָא, אַף עַל גַּב דְּלָא אִתְחַזְיָא, דְּאִי לָאו הָכִי, לָא יְהֵא מַלְכָּא שָׁלִים, וְעַל דָּא בָּעֵי לְאִסְתַּמְּרָא.

---

[13] מלאכי ג, ו

[14] זוהר בשלח נא, ב

הַמֶּלֶךְ וַדַּאי הוּא שָׁלֵם, שָׁלֵם מֵהַכֹּל, שָׁלֵם בְּדַעְתּוֹ, אֲנִי רוֹאֶה שֶׁבְּאוֹתוֹ הָאוֹר יוֹשֵׁב בְּדִין וְנִתְכַּסֶּה, אַף עַל גַּב שֶׁלֹּא נִרְאָה, שֶׁאִם לֹא כָךְ, לֹא יִהְיֶה מֶלֶךְ שָׁלֵם, וְלָכֵן צָרִיךְ לְהִשָּׁמֵר.

כָּךְ קוּדְשָׁא בְּרִיךְ הוּא, שָׁלִים תָּדִיר בְּהַאי גַּוְונָא וּבְהַאי גַּוְונָא, אֲבָל לָא אִתְחֲזְיָא, אֶלָּא בִּנְהִירוּ דְאַפִּין. וּבְגִין כָּךְ, אִינּוּן טִפְשִׁין חַיָּיבִין לָא אִסְתַּמְּרָן מִנֵּיהּ. אִינּוּן חַכִּימִין זַכָּאִין, אַמְרִין, מַלְכָּא שְׁלִים הוּא, אַף עַל גַּב

כָּךְ הַקָּדוֹשׁ בָּרוּךְ הוּא שָׁלֵם תָּמִיד בְּגָוֶן זֶה וּבְגָוֶן זֶה, אֲבָל לֹא נִרְאָה, אֶלָּא בְּפָנִים מְאִירוֹת. וְלָכֵן אוֹתָם רְשָׁעִים הַטִּפְּשִׁים לֹא נִשְׁמָרִים מִמֶּנּוּ. אוֹתָם חֲכָמִים צַדִּיקִים אוֹמְרִים: מֶלֶךְ שָׁלֵם הוּא. אַף עַל פִּי שֶׁפָּנָיו נִרְאִים מְאִירוֹת, הַדִּין מְכֻסֶּה בְּתוֹכוֹ, וְלָכֵן צָרִיךְ לְהִשָּׁמֵר מִמֶּנּוּ.

אָמַר רַבִּי יְהוּדָה, מֵהָכָא - אֲנִי הוי"ה לֹא שָׁנִיתִי. לָא דָלִיגְנָא לַאֲתָר אָחֳרָא, בֵּי אִתְכְּלִיל כֹּלָּא. הָנֵי תְּרֵי גַּוְונֵי בֵּי אִתְכְּלִילָן, בְּגִין כַּךְ כֹּלָּא בְּאֹרַח מֵישָׁר אִתְחֲזְיָא, וְאַף עַל גַּב דְּאִתְנְוָון אֲחִידָן לְהַאי סִטְרָא וּלְהַאי סִטְרָא, כְּסִדְרָן כְּתִיבִין.

אָמַר רַבִּי יְהוּדָה, מִכָּאן - אֲנִי ה' לֹא שָׁנִיתִי. לֹא דִלַּגְתִּי לְמָקוֹם אַחֵר, בֵּי נִכְלָל הַכֹּל. שְׁנֵי הַגְּוָנִים הַלָּלוּ נִכְלְלוּ בִּי. מִשּׁוּם כָּךְ הַכֹּל נִרְאֶה בְּדֶרֶךְ יָשָׁר, וְאַף עַל גַּב שֶׁהָאוֹתִיּוֹת אֲחוּזוֹת לְצַד זֶה וּלְצַד זֶה, הֵן כְּתוּבוֹת כְּסִדְרָן.

וְהֵט אָזְנְךָ וּשְׁמַע פֵּירוּשׁוֹ לְמַעַן תַּשְׂכִּיל. דַּע כִּי שֵׁם בֶּן ע"ב יוֹצֵא מִשְּׁלֹשָׁה פְּסוּקִים - וַיִּסַּע[15] מַלְאַךְ הָאֱלֹהִים הַהֹלֵךְ לִפְנֵי מַחֲנֵה יִשְׂרָאֵל וַיֵּלֶךְ מֵאַחֲרֵיהֶם וַיִּסַּע עַמּוּד הֶעָנָן מִפְּנֵיהֶם וַיַּעֲמֹד מֵאַחֲרֵיהֶם. וַיָּבֹא[16] בֵּין מַחֲנֵה מִצְרַיִם וּבֵין מַחֲנֵה יִשְׂרָאֵל וַיְהִי הֶעָנָן וְהַחֹשֶׁךְ וַיָּאֶר אֶת

---

[15] שמות יד, יט
[16] שמות יד, כ

הלילה ולא קרב זה אל זה כל הלילה. ויט[17] משה את ידו על הים
ויולך יהוה את הים ברוח קדים עזה כל הלילה וישם את הים
לחרבה ויבקעו המים:

היב"ש[18] - זה סדר שם ע"ב:

לעתים נקרא שם ע"ב בכינוי **השם המפורש**, כלפי שם בן ע"ב,
שהוא שם המורכב מ-72 שמות קטנים שכל אחד בן 3 אותיות,
שמורכב משלשה פסוקים סמוכים בספר שמות שכל אחד מהם בן
72 אותיות:

וַיִּסַּע מַלְאַךְ הָאֱלֹהִים הַהֹלֵךְ לִפְנֵי מַחֲנֵה יִשְׂרָאֵל וַיֵּלֶךְ
מֵאַחֲרֵיהֶם וַיִּסַּע עַמּוּד הֶעָנָן מִפְּנֵיהֶם וַיַּעֲמֹד מֵאַחֲרֵיהֶם:

וַיָּבֹא בֵּין | מַחֲנֵה מִצְרַיִם וּבֵין מַחֲנֵה יִשְׂרָאֵל וַיְהִי הֶעָנָן וְהַחֹשֶׁךְ
וַיָּאֶר אֶת־הַלָּיְלָה וְלֹא־קָרַב זֶה אֶל־זֶה כָּל־הַלָּיְלָה:

וַיֵּט מֹשֶׁה אֶת־יָדוֹ עַל־הַיָּם וַיּוֹלֶךְ יְהוָה | אֶת־הַיָּם בְּרוּחַ קָדִים
עַזָּה כָּל־הַלַּיְלָה וַיָּשֶׂם אֶת־הַיָּם לֶחָרָבָה וַיִּבָּקְעוּ הַמָּיִם:

חסדויסעמלאךהאלהיםההלךלפנימחנהישראלוילךמאחריהמויסע
מודהענןמפניהמויעמדמאחריהם:

דיהליהלכהזלאהזברקאלוהלילתארראיוךשחהוןנעהניהיולארשיהנ
חמניבומירצמהנחמניבאביו:

חסדויטמשהאתידועלהיםויולךדיהוהאתהימברוחהקדימעזהכלהלילהוי
שמאתהימלחרבהויבקעוהמים:

---

[17] שמות יד, כא
[18] חלק זה לא מהרב זצ"ל

סדר השמות המקובל והוא חסד דין חסד

מה"ש	סי"ט	יל"י	וה"ו
הז"י	על"ם	אכ"א	לל"ה
מב"ה	יז"ל	כה"ת	אל"ד
הר"י	לא"ו	הה"ע	לא"ו
לו"ו	כל"י	נל"ך	הק"ם
זה"ו	מל"ה	יי"י	פה"ל
רי"י	יר"ת	הא"א	נת"ה
יז"ו	שא"ה	לכ"ב	או"מ
הע"ם	אנ"י	וש"ר	לה"ח
רה"ע	הה"ה	מנ"ד	כו"ק
וו"ל	מי"כ	סא"ל	יי"ז
מי"ה	עש"ל	ער"י	יל"ה
נג"א	הזז"ש	דנ"י	וה"ו
נמ"מ	עמ"ם	מב"ה	ני"ת
יה"ה	ומ"ב	פו"י	יי"ל
ענ"ו	דמ"ב	מצ"ר	הר"חז
אי"ע	מנ"ק	רא"ה	מזז"י
מו"מ	הי"י	יב"מ	זז"ו

עד כאן היב"'ש

ואותיותיו משולשות לפי שהוא נארג ונכלל בשלשה אבות ולזה נחלק לשלשה חלקים. החלק[19] הראשון רשום כסדר דרך ישר, שבזה מורה על **החסד**, והוא כנגד **חסד** לאברהם:

והחלק[20] השני אותיותיו רשומות בגלגול למפרע, לפי שהן מורות על **הדין** הנרשם **בגבורה** פחד יצחק:

והחלק[21] השלישי אותיותיו רשומות מאלו ואלו בשווה מתחברות ומזדווגות אלו עם אלו **חסד ודין יחד נארג**, ונכלל זה בזה בגוונים מפוארים כנגד תפארת ישראל שהוא כולל השני צדדים ובו מתייחדים כי הוא מתעטר בהם בדרך ישר:

ובזה החלק השלושה רשומים השני צדדים. ואחר זה יש לשאול אחר שזה החלק השלישי כולל השנים ההולך ביושר וההולך למפרע, היה מן הראוי שיורה על שניהם בבירור מקצתו ביושר ומקצתו למפרע ובזה היה מישר הכל, שהרי כתוב - אתה[22] כוננת מישרים. פירוש אתה שהוא **תפארת ישראל** כוננת המישרים, וכונן אותם ליישר כל הצדדים ולייחדם.

והוא עושה מישרים לכל הצדדים. להשיב לזה הבא - משל למלך שהוא תמים שלם, וכלול מכל השלימות. והוא דפוסם אין דבר יוצא מידי דפוס לחוץ ודעותיו שלימות יתברך מכל חיסרון ושנוי וגבול. ודרכו של זה המלך פניו מאירים תמיד לפי שהוא שלם בכל, וכשהוא דן לטוב דן גם כן לרע כי כשהוא בכעס הוא ברצון כמו

---

[19] ר"ל הפסוק הראשון
[20] ר"ל הפסוק השני
[21] ר"ל הפסוק השלישי
[22] תהלים צט, ד

שכתבתי וכחו שווה לכל דבר ולכל תמורה והוא תמיד עם זה בעניין אחד מיוחד.

והטיפשים הרואים פני המלך שוחקם ומאירים תמיד ואינם נשמרים ממנו, והחכמה אזלה מכולם להבין האמת ומנהגו של מלך, כי בנים סכלים המה אומרים המלך לא ישתנה ממידה זו לעולם והרי הם נותנין גבול וקצב במלך ובמידותיו לומר כי אין לו אם מידת רחמים בלבד ואין כחו שווה לכל דבר ולכל תמורה, וסמיותם זה גורם להם לבטל התורה ומצותיה, מבטלים מצות עשה, ועוברים על מצות לא תעשה, ובוטחים בפני המלך שהם מאירים ואומרים - לא תבואנה רעה, והרשעים מהפכים מידת הרחמים למידת הדין, ועל הדרך שכתבתי בשאלה החמישית:

אבל החכמים יודעים האמת ומכירים מנהגו של מלך, ומידותיו נזהרים ונשמרים ממנו, כי אומרים אף על פי שהמלך פניו מאירים ושוחקים תמיד, לפי שהוא שלם בכל וכלול בכל, אנו רואים שבאור ההוא יש חושך, וברחמים דין, אלא שהוא נעלם ונסתר ואינו נראה לחוץ, וכן נאה למלך להיות שלם, שאם לא יהיה כלול מכל, וכחו שווה לכל דבר, ולכל תמורה אינו שלם ח"ו. וכן המלך הוא הקדוש ברוך הוא אשר כחו שווה לכל דבר ולכל תמורה שלם וכלול מכל, והרשעים שאינם מכירים מנהגו ומידותיו, אינם נשמרים ועוברים על רצונו:

אבל החכמים הצדיקים יודעים מנהג אלהים ומידותיו, ונשמרים ונזהרים בעצמם מלמרות עיני כבודו, אבל עושים רצונו תמיד, ובזה מוציאים כל ימיהם. ולהורות על כי המלך כחו שווה לכל דבר, ותמורתו והוא דפוס הכל, בא החלק השלישי ההוא אותיות בשווה, כלולות ונארגות אלו באלו, ובזה מורים ומעידים על כח

השווה במלך ובאחדותו:

אמר רבי יהודה מהכא כו'. רבי יהודה הביא ראיה ניצחת מדברי הנבואה באמרו - כי[23] אני הוי"ה לא שניתי ואתם בני יעקב לא כליתם. ופירש ואמר לא דלגנא לאתר אחרא וכו', והכוונה לומר כי אם היה החלק השלישי אותיותיו בסדר להורות על **החסד** ולמפרע ולהורות על **הגבורה** כעניין בשני החלקים הראשונים, לא היה בזה הוראה על הייחוד ושששניהם מתייחדים ונקשרים באמצע, כלולים זה בזה, ושכח המלך שווה לכל דבר ולכל תמורה, וכשיהיה צריך לפעול באחת המידות, יצטרך לשנות ולדלג מקומו ודעתו חלילה:

אבל בהיות החלק ההוא על הדרך הנזכר הנה הוא הוראה על האחדות ושהמלך שלם וכלול מכל, ושהכל שווה בו ואינו צריך לדבר חוץ ממנו, כי בו הכל בייחוד שווה וגמורה, והוא אמרו - בי אתכליל כלא הני תרי גווני, בי כלילין בגיני כך כלא באורח מישר אתחזיא כו'. ובמה שכתבתי בזה נשלמה הכוונה בזאת השאלה. שמענה ואתה דע לך:

---

[23] מלאכי ג, ו

ספר דרך אמונה

ומה ששאלת מה שמם ומקומם, ר"ל כוונת שמם. מהמאמר שכתבתי מספר רעיא מהימנא בשאלה השנית יתבאר לך שמם וכוונתם. וללמדך להועיל אודיעך עוד מה שבא בקבלה בזה.

החכם רבי עזריאל ז"ל כתב זה לשונו:

שם הכח הראשון קרוי - **רום מעלה** שהוא מרום מחקור חוקר.

השני - **חכמה** שהוא תחילת ההשתכללות.

השלישי - **בינה** עד כאן עולם השכל.

הרביעי - **חסד.**

החמישי - **פחד.**

השישי - **תפארת** עד כאן עולם החיים.

השביעי **נצח.**

השמיני - **הוד.**

התשיעי **יסוד עולם.**

העשירי - **צדק.**

עד כאן עולם הטבע.

וסוד פעולתם:

הראשון - לכח אלהי.

השני - לכח מלאכותי.

השלישי - לכח נבואה.

רביעי - להגדיל חסד אל העליונים.

חמישי - לדון העליונים בפחד גבורתו.

שישי - לרחם התחתונים.

שביעי - לגדל ולחזק הנפש הצומחת.

שמיני - להחלישה ולהחליאה.

תשיעי - להמשיך כח כולם פעם פעם לדבר פעם לתמורה.

עשירי - מידת הדין של מטה, שהיא כלולה מכח כולם, לדון התחתונים.

וכח נפש אדם נמשך מהם ומכחם, על דרך זה:

רום מעלה - בכח הנפש הנקראת יחידה.

חכמה - בכח הנפש החיה.

בינה - בכח הרוח.

חסד - בכח הנפש הנקראת נפש.

פחד - בכח הנפש הנקראת נשמה.

תפארת - בכח הדם.

נצח - בכח העצם.

הוד - בכח הבשר.

יסוד - בכח הגיד.

צדק - בכח בעור הבשר.

ומקום עמידתן למעלה כך היא:

רום מעלה מקיף וסובב **החכמה והבינה**, שהן סובבות מה שלמטה מהן.

החסד נמשך אל **הנצח** שהיא מצד הימין.

הפחד נמשך אל **ההוד** שהוא מצד השמאל.

תפארת ויסוד עולם באמצע.

וצדק המקבל מכח כולם. עד כאן דבריו:

ואחר שידעת זה דע עוד כי שמות הרבה העלו להם חכמי הקבלה ע"ה. ובכלל כנו לעשר מעלות הקודש ספירות, על שלוש פנים:

האחד - מלשון **ספור**, כמו - השמים[1] מספרים כבוד אל. שהותר לספר רוממות עילת העילות מתוכם שאינן דבר נוסף על העצם ולפיכך הרשות נתונה לתארו בהם, ואילו היו תארים נוספים על העצם היה אסור לספר בו בהם ולתארו בהם, וכבר כתבתי זה:

השני - מלשון **חשבון**, לפי שמספר עשרה כולל כל המספר וכל ההוים והנפסדים, אשר אין להם סוף כולם מתגלגלים במספר עשרה, ולפיכך עשרה שאין להם סוף, וכבר כתבתי זה:

השלישי - מלשון **לבנת הספיר**, והכוונה כי כמו שהדעת נותנת הספריי יתראו בו הצורות, ואינן תוספת בו כך הספירות אינן תוספת ולא ריבוי בעילת העילות:

וכנום בלשון מידות על שמחזיקות הכל. גם מידות לסוד שיעור קומה. גם מידות שפועלות בנבראים בשיעור כפי הצורך להם וכל מידה פועלת מהם בתחתונים כפי הראוי וכפי עניינה המסור לה. וכנום בלשון **נתיב** על שם השפע הבא ממידה למידה, דרך הצינורות הרוחניות:

וכנום בשם כתרים על שם כתרים על שם שסובבים זה לזה כמו - **כתרו**[2] את בנימין הרדיפהו מנוחה הדריכהו עד נכח הגבעה ממזרח שמש. על שם רוממות מן כתר מלכות. ועל שם המתון - כמו - כתר[3] לי זעיר ואחוך כי עוד לאלוה מלים. שכל אחד ממתין ומצפה לקבל ממה שעליו. וכנום בשם אורים כי הם אורים גדולים ומאירים לכל. וכנום בשם מלכים על כן אמרו מלך מלכי המלכים ועליהם אמרו

---

[1] תהלים יט, ב
[2] שופטים כ, מג
[3] איוב לו, ב

- ישראל[4] בני מלכים. וכנום בשם עולמות כי כל עולם מהם נעלם ומתעלה ומתעלם.

והשבעה[5] מהם כנום בשם **ימים**, ומזבחות ונחלים וקולות. והשלוש[6] עליונות כנום בכלל עולם המדע.

והשבע שלמטה עולם הבניין, והששה[7] מהם יחד ששה קצוות.

שלוש עליונות כנום בלשון **אמרים**, ומכוחם נקראו כולם **אמרים**. וכנום בלשון **אשות**[8], באמרם מתוך שבע מחיצות של אש.

והשבע כנום בלשון - **אשכול**[9] הכפר דודי לי בכרמי עין גדי.

והעליונות - **צרור**[10] המר דודי לי בין שדי ילין.

וכל האצילות בכלל כנוהו בלשון **אילן**, ויש לו לב וגוף ושורש וקליפות. ובלשון ארזים - **ארזי**[11] לבנון אשר נטע. והיו בחביון אין סוף גנוזים דרך משל כקרני חגבים, ועל דרך משל עקרן ושתלן כל הוי"ה נכרת לעצמה אף על פי שאין בו פרוד כלל:

---

[4] שבת סז. א

[5] רוצה לומר הספירות - חסד, גבורה, תפארת, נצח, הוד, יסוד, מלכות.

[6] רוצה לומר הספירות - כתר, חכמה, בינה.

[7] רוצה לומר הספירות - חסד, גבורה, תפארת, נצח, הוד, יסוד.

[8] מלשון **אש**.

[9] שיר השירים א, יד

[10] שיר השירים א, יג

[11] תהלים קד טז

ובמדרש[12] - ישבעו[13] עצי הוי"ה ארזי לבנון אשר נטע. אמר רבי חנינא כקרני חגבים היו, ועקרן הקדוש ברוך הוא ושתלן בתוך גן עדן. פירוש עקרן והאצילן ממנו. והזכיר אשר נטע, כמו שכתוב - ויטע[14] הוי"ה אלהים גן בעדן מקדם וישם שם את האדם אשר יצר. ולא הזכיר הנטיעה מהיכן הייתה:

בא שלמה, ופירש ואמר - אפריון[15] עשה לו המלך שלמה מעצי הלבנון. כנה האצילות בלשון אפריון, ואמר שהיה מן העצים שבאו ונאצלו מהלבנון, הוא ראש[16] הלבן שהיו גנוזים בו. ואמר - ישבעו[17] עצי הוי"ה ארזי לבנון אשר נטע:

אמר רבי חנינא ישבעו חייהם, ישבעו מימיהם, ישבעו מטעתן. פירוש, הזכיר הסיבות שהן זו למעלה מזו. ועל שם שכל נטיעה צריכה השקאה, שהיא מושכת מן המים, והמים מן החיים, והחיים ממקור החיים, ולכך הזכיר חייהן מימיהן מטעתן:

וכיון שהמשיל אצילות ההוי"ת לעקירה, המשיל בריאתן וגדילתן לנטיעה, וזה שכתוב - עקרן[18] הקדוש ברוך הוא ושתלן:

---

12 בראשית רבה טו, א

13 תהלים קד, טז

14 בראשית ב, ח

15 שיר השירים ג, ט

16 **היב"ש** - א"ק נקרא לבן בערך עולם האצילות הנקרא יעקב. עיין בעץ חיים ש"ו פ"א - ..... כי ראיתי את כל אשר **לבן** עושה לך, ובפסוק זה רמוז כל בחינות אלו שאנו מדברים בכאן, כי **לבן** הוא סוד **לובן העליון** אשר הוא קודם כל האצילות הזה, והוא היה העושה כל אלו הבחינות שהם עקודים נקודים ברודים, לצורך **האצילות** שיאציל אחריהם אשר הוא נקרא בשם **יעקב**.

17 תהלים קד, טז

18 בראשית רבה טו, א

ואחר שידעת זה הכלל הנפלא, אשר ממנו תבין יראת הוי"ה ודעת קדושים תמצא:

אודיעך עוד שמות הספירות בכלל, שם כל אחת המורגל ומפורסם וכוונתם. וכבר כתבתי כי כל אחת בשמה נקראת על שם **המאציל**. ולהורות עליו לא שנקראת כך מעצמה וזה הוראה עצומה על היחוד:

הראשונה נקראת **כתר**. והטעם לפי שמכתרת וסובבת כל הספירות, ככתר הסובב לכל הראש, כך הוא מכתיר כל הכתרים, והסוד - בי[19] יכתירו צדיקים. ומלשון - כתר[20] לי זעיר ואחוך כי עוד לאלוה מלים. שהכל מצפין לקבל פרס האור הבא ממנו, ועל שם **תר''ך**[21] מיני מאורות רוחניות הנכללים בו, כמניין **כתר**:

ובספר התיקונין[כח] - חיזו[22] עשיראה דאיהו **כתר** מופלא ומכוסה לא גלי ביה שום מראה בעלמא, הדא הוא דכתיב - כמראה[23] הקשת אשר יהיה בענן ביום הגשם כן מראה הנגה סביב הוא מראה דמות כבוד הוי"ה וארָאה ואפול על פני ואשמע קול מדבר. ולא אמר מאי חזא, בגין דאיתמר עליה - במופלא[24] ממך אל תדרוש ובמכוסה ממך אל תחקור במה שהורשת התבונן אין לך עסק בנסתרות. מאן נסתרות דיליה אינון **שית מאה ועשרים סתרי תורה** גניזין דתליין מניה כחושבן **כתר** וכל חד אוליף רזא לעילא מניה, ואינון עלמין גניזין להההוא מופלא דאיהו עילת כל עילאין, עד כאן:

---

[19] תהלים קמב ח

[20] איוב לו ב

[21] עיין שושן סודות אות רך

[22] תקוני זוהר חדש צו, ד

[23] יחזקאל א, כח

[24] חגיגה יג, א

חֵיזוּ עֲשִׂירָאָה דְּאִיהוּ כֶּתֶר מֻפְלָא וּמְכֻסֶּה, לָא גַּלֵּי בֵּהּ שׁוּם מַרְאָה בְּעָלְמָא. הֲדָא הוּא דִּכְתִיב - וָאֶרְאֶה וָאֶפֹּל עַל פָּנַי וְלֹא אָמַר מַאי חָזָא. בְּגִין דְּאִתְּמַר עֲלֵהּ בַּמֻּפְלָא מִמְּךָ אַל תִּדְרֹשׁ וּבַמְכֻסֶּה מִמְּךָ אַל תַּחֲקֹר, אֵין לְךָ עֵסֶק בַּנִּסְתָּרִים.

לְשׁוֹן[כח] הַזֹּהַר עִם תַּרְגוּם - הַמַּרְאָה[25] הָעֲשִׂירִי שֶׁהוּא **כֶּתֶר** מֻפְלָא וּמְכֻסֶּה, לֹא גִּלָּה בּוֹ שׁוּם מַרְאֶה בָּעוֹלָם. זֶהוּ שֶׁכָּתוּב - וָאֶרְאֶה וָאֶפֹּל עַל פָּנַי, וְלֹא אָמַר מָה רָאָה. מִשּׁוּם שֶׁנֶּאֱמַר עָלָיו בַּמֻּפְלָא מִמְּךָ אַל תִּדְרֹשׁ וּבַמְכֻסֶּה מִמְּךָ אַל תַּחֲקֹר. אֵין לְךָ עֵסֶק בַּנִּסְתָּרִים.

מָאן מִסְתָּרִים דִּילֵהּ. אִנּוּן שִׁית מְאָה וְעֶשְׂרִים סִתְרֵי תוֹרָה גְּנִיזִין דְּתַלְיָן מִנַּהּ, כְּחֻשְׁבַּן **כֶּתֶר** וְכָל חַד אוֹלִיף רָזָא לְעֵלָּא מִנַּהּ, וְאִנּוּן עָלְמִין גְּנִיזִין לְהַהוּא מֻפְלָא דְּאִיהוּ עִלַּת כָּל עִלָּאִין.

מִי הַמִּסְתָּרִים שֶׁלּוֹ? אֵלּוּ שֵׁשׁ מֵאוֹת וְעֶשְׂרִים סִתְרֵי תוֹרָה גְּנוּזִים שֶׁתְּלוּיִים מִמֶּנּוּ, כְּחֶשְׁבּוֹן **כֶּתֶר**, וְכָל אֶחָד מְלַמֵּד סוֹד לְמַעְלָה מִמֶּנּוּ, וְהֵם עוֹלָמוֹת גְּנוּזִים לְאוֹתוֹ מֻפְלָא, שֶׁהוּא עִלַּת כָּל הָעֶלְיוֹנִים.

הַשְּׁנִיָּיה **חָכְמָה**. כְּלוֹמַר **הַכֹּחַ מָה** שֶׁיֹּאמְרוּ כִּי הִיא עֲמוּקָה בְּתַכְלִית אֲבָל לֹא כַּעוֹמֶק **הַכֶּתֶר** כִּי מִצִּדּוֹ אֵין שׁוּם הִתְבּוֹנְנוּת בְּעִילָּתוֹ, אֲבָל מִצַּד **הַחָכְמָה** הַנִּקְרֵאת **יֵשׁ**, נֵדַע כִּי יֵשׁ הוי"ה אֲבָל לֹא יָדְעוּ מַה הוּא:

וּבְסֵפֶר הַתִּיקוּנִין[כט] - וְאִתְקְרִיאַת[26] **מ"ה** מִסְּטְרָא **דְחָכְמָה** דְּאִתְּמַר בָּהּ - וְעַתָּה[27] יִשְׂרָאֵל **מָה** הוי"ה אֱלֹהֶיךָ שֹׁאֵל מֵעִמָּךְ כִּי אִם לְיִרְאָה אֶת הוי"ה אֱלֹהֶיךָ לָלֶכֶת בְּכָל דְּרָכָיו וּלְאַהֲבָה אֹתוֹ וְלַעֲבֹד אֶת הוי"ה

---

25 תקוני זוהר חדש צו, ד

26 תיקוני זוהר חדש קא, א

27 דברים י, יב

אֱלֹהֶיךָ בכל לבבך ובכל נפשך. דאם לית חכמה לית דחילו ואי לית
דחילו לית **חכמה**, ובהאי **מ''ה** מעיד על עילת כל עילאין, כי לא
ידעו מה הוא, עד כאן:

וְאִתְקְרִיאַת[28] מָ''ה מִסִּטְרָא דְּחָכְמָה דְּאִתְּמַר - מָה ה' אֱלֹהֶיךָ שָׁאֵל
מֵעִמָּךְ כִּי אִם לְיִרְאָה. דְּאִם לֵית חָכְמָה לֵית דְּחִילוּ. וְאִם לֵית דְּחִילוּ
לֵית חָכְמָה. וּבְהַאי. מָ''ה מֵעִיד עַל עִלַּת כָּל עִלָּאִין, כִּי לֹא יָדְעוּ מָ''ה
הוּא.

לְשׁוֹן[29] הַזּוֹהַר עִם תַּרְגּוּם - וְהִיא נִקְרֵאת מָ''ה מֵהַצַּד שֶׁל
חָכְמָה, שֶׁנֶּאֱמַר - מָה ה' אֱלֹהֶיךָ שָׁאֵל מֵעִמָּךְ כִּי אִם לְיִרְאָה.
שֶׁאִם אֵין חָכְמָה - אֵין יִרְאָה, וְאִם אֵין יִרְאָה - אֵין חָכְמָה.
וּבָזֶה מָ''ה מֵעִיד עַל עִלַּת כָּל הָעֶלְיוֹנִים, כִּי לֹא יָדְעוּ מָ''ה
הוּא.

השלישית **בינה**. להורות על מקום מוצאה[29] **בן יה**. וממנה קצת
התבוננות בעילת העילות. במה שמכוחו קיום ובנין הכל, והוא
מעמידם בזיוו ואורו המתפשט ממנו:

והיא מלשון בנים גם כן, להורות כי היא וכל הנאצל ממנה
והקדומים לה, **בנים** ונאצלים מאורו. ובספר[30] התיקונין - מסטרא
דאימא עילאה אתקריאת - **אם תשובה**. הוי''ה דאחזי על בנוי,
והוי''ה דמארי עלמין, דכל כנויין וכל הויין, אינון כנויין ליה ואיהו
לאו איהו כנוי, עד כאן:

וּמִסִּטְרָא דְּאִמָּא עִלָּאָה אִתְקְרִיאַת אֵם תְּשׁוּבָה יֶהֹו''ה [קרי אלהים],

---

28 תיקוני זוהר חדש קא, א
29 **היב''ש** - בינה אותיות בן י''ה.
30 תיקוני זוהר חדש קא, א

דְּאַחֲזֵי עַל כְּנוּי וַהֲנָיָ"ה דְּמָארֵי עָלְמִין מָארֵי דְּכָל כִּנּוּיִין וְכָל הַוָיָן. דְּכָל כִּנּוּיִין וְכָל הַוָיָן אִנּוּן כִּנּוּיִין לֵהּ.

לְשׁוֹן הַזֹּהַר עִם תַּרְגּוּם - וּמֵהַצַּד שֶׁל הָאֵם הָעֶלְיוֹנָה נִקְרֵאת אֵם תְּשׁוּבָה יֶהֹוָ"ה [קרי אלהים], שֶׁמַּרְאָה עַל כְּנוּי וַהֲנָיָ"ה שֶׁל רִבּוֹן הָעוֹלָמִים, בַּעַל כָּל הַכִּנּוּיִים וְכָל הַהֲנָיוֹת. שֶׁכָּל הַכִּנּוּיִים וְהַהֲנָיוֹת הֵם כִּנּוּיִים לוֹ, וְהוּא אֵינוֹ כִּנּוּי.

רְבִיעִית, חֲמִישִׁית, שִׁשִׁית - **גְּדוּלָּה גְּבוּרָה תִּפְאֶרֶת**. גָּדוֹל גִּבּוֹר נוֹרָא, אֵל אֱלֹהִים הוי"ה. וּבְסִפְרָא[31] הַתִּקּוּנִין - וּבְאִלֵּין תְּלַת שְׁמָהָן אִיהִי סְהִידַת עַל הֲוָיָתֵיהּ. וֶאֱלָהוּתֵיהּ וִיכָלְתֵּיהּ עַל כָּל עָלְמִין:

וּמִסִּטְרָא דִּתְלַת אֲבָהָן דְּאִתְקְרִיאוּ אֵל אֱלֹהִים הוי"ה, דְּאִנּוּן הָאֵל הַגָּדוֹל הַגִּבּוֹר וְהַנּוֹרָא, אִתְקְרִיאָה גְּדֻלָּה גְּבוּרָה תִּפְאֶרֶת, וּבְאִלֵּין תְּלַת שְׁמָהָן אִיהִי סְהִידַת עַל הֲוָיָתֵהּ, וֶאֱלָהוּתֵהּ, וִיכֹלְתֵּהּ עַל כָּל עָלְמִין. לְשׁוֹן[לא] הַזֹּהַר עִם תַּרְגּוּם - וּמֵהַצַּד שֶׁל שְׁלֹשֶׁת הָאָבוֹת שֶׁנִּקְרְאוּ אֵל אֱלֹהִים הוי"ה, שֶׁהֵם הָאֵל הַגָּדוֹל הַגִּבּוֹר וְהַנּוֹרָא, נִקְרֵאת גְּדֻלָּה גְּבוּרָה תִּפְאֶרֶת. וּבִשְׁלֹשֶׁת הַשֵּׁמוֹת הַלָּלוּ הִיא מְעִידָה עַל הֲוָיָתוֹ וֶאֱלָהוּתוֹ וִיכָלְתּוֹ עַל כָּל הָעוֹלָמוֹת.

הַשְּׁבִיעִי **נֶצַח**. וְיֵשׁ בּוֹ שְׁתֵּי כַוָּנוֹת, וּבִשְׁתֵּיהֶן מוֹרֶה עַל הָעִילָּה הָרִאשׁוֹנָה יִתְבָּרֵךְ, אַחַת מִלְּשׁוֹן **נִיצוֹחַ** שֶׁהוּא תַּקִּיף, וּמִתְגַּבֵּר וּבְמַעֲלָתוֹ מֵתְרוּמָם, וְנוֹצֵחַ הַכֹּל וְאֵין לְמַעְלָה מִמֶּנּוּ. וְהַשֵּׁנִי מִלְּשׁוֹן קִיּוּם וְהַתְמָדָה, שֶׁהוּא קַיָּם בַּהֲוָיָתוֹ, תָּמִיד לֹא יִשְׁתַּנֶּה, כִּי הוּא רִאשׁוֹן וְהוּא אַחֲרוֹן, וּמִבַּלְעָדָיו אֵין אֱלֹהִים, וְנִשְׂגָּב[32] לְבַדּוֹ. כִּי מִמֶּנּוּ הַכֹּל, וְאֵלָיו יָשׁוּב וְהוּא קַיָּם קַיָּם נִצְחִי:

---

[31] תִּקּוּנֵי זֹהַר חָדָשׁ
[32] עַל פִּי הַפָּסוּק בִּישַׁעְיָהוּ ב, יא

השמיני **הוד**. להורות על כי ההודאות אל עילתו, ואותו כי לו
יכרעו, ולפניו יפלו, וישתחוו, ויודו, כי הוא – אל[33] ההודאות אדון
הנפלאות:

התשיעי **יסוד**. מעיד על עילתו, כי הוא יסוד לאצילותו היא בנייְנו,
ואינו כשאר היסודות, שהם למטה ובניינם למעלה, אבל עילת
העילות יסוד כל העולמות והוא למעלה, מבנינו והוא מקיימו
ומעמידו:

העשירי **מלכות**. להורות על כי העילה הראשונה לו, הממשלה
והמלכות ומושל בכל, ומלכותו[34] בכל משלה:

כתר

חכמה   בינה

דעת

גדולה   גבורה

תפארת

נצח   הוד

יסוד

מלכות

סדר הספירות על פי האר"י זלה"ה

---

[33] מתוך תפילת ישתבח דשחרית.

[34] תהלים קג, יט

ובספר[32] התיקונין - איהי[35] כלילא מכל שמהן עילאין, ובגין דאיהי כלילא מעילאין ותתאין, שרי עלה עילת כל עילין ובה שולטנותיה על כלא, עד כאן:

אִיהִי כְּלִילָא מִכָּל שְׁמָהָן עִלָּאִין. וּבְגִין דְּאִיהִי כְּלִילָא מֵעֶלָאִין וְתַתָּאִין, שַׁרְיָא עָלַה עִלַּת כָּל עִלָּאִין וּבֵיהּ שֶׁלְטָנוּתָא עַל כֹּלָא.

לְשׁוֹן[32] הַזוֹהר עם תרגום - הִיא[36] כְּלוּלָה מִכָּל הַשֵׁמוֹת הָעֶלְיוֹנִים. וּמִשׁוּם שֶׁהִיא כְּלוּלָה מֵעֶלְיוֹנִים וְתַחְתּוֹנִים, שׁוֹרָה עָלֶיהָ עִלַּת כָּל הָעֶלְיוֹנִים, וּבוֹ שִׁלְטוֹן עַל הַכֹּל.

ממה שכתבתי יתבאר לך כי שמות המידות וכינוייהן, אלו ועוד הרבה מאד שיש להם כולן להעיד ולהורות על - **האין סוף** יתברך לא מעצמן כמו שכתבתי, עם שהוא כפי ערכו אין לו שם ידוע, כי אם היה לו שם ידוע היה מוגבל באותו שם לבד:

וכבר התבאר שהוא בלתי בעל תכלית, ולא יגבילהו שום שם. אבל מצד שאין לו שם ידוע כולל כולם, ויכול ללבוש שם ולפשוט שם, כי מצד זה יש לו יחס עם כולם, להתלבש בשם כפי הצורך לפעול:

ובספר[32] התיקונין - לית[37] בך ידיעה כלל ובר מינך לית יחידא ודא בעילאי ותתאי ואת אשתמודע אדון על כלא, וכל ספירות כל חד אית ליה שם ידיע, ובהון אתקריאו מלאכיא, ואנת לית לך שם ידיע, דאנת הוא ממלא כל שמהן, ואנת הוא שלימו דכלהו, עד כאן:

וְאַנְתְּ אִשְׁתְּמוֹדַע אָדוֹן עַל כֹּלָא. וְכָל סְפִירָן כָּל חַד אִית לֵיהּ שֵׁם יְדִיעַ.

---

[35] תיקוני זוהר חדש קא, א

[36] תיקוני זוהר חדש קא, א

[37] תיקוני זוהר הקדמה יז, א

וּבְהוֹן אִתְקְרִיאוּ מַלְאֲכַיָּא. וְאַנְתְּ לֵית לָךְ שֵׁם יְדִיעַ דְּאַנְתְּ הוּא מְמַלֵּא כָּל שְׁמָהָן וְאַנְתְּ הוּא שְׁלִימוּ דְכֻלְּהוּ. וְכַד אַנְתְּ תִּסְתַּלֵּק מִנְּהוֹן אִשְׁתָּארוּ כֻּלְּהוּ.

לְשׁוֹן[ב] הַזּוֹהַר עִם תַּרְגּוּם - וְחוּץ[38] מִמְּךָ אֵין יָחִיד בָּעֶלְיוֹנִים וּבַתַּחְתּוֹנִים, וְאַתָּה הוּא עִלַּת הַכֹּל וְאָדוֹן עַל הַכֹּל, וּלְכָל סְפִירָה יֵשׁ שֵׁם יָדוּעַ, וּבָהּ נִקְרָאִים הַמַּלְאָכִים, וּלְךָ אֵין שֵׁם יָדוּעַ, שֶׁאַתָּה הוּא מְמַלֵּא כָּל הַשֵּׁמוֹת, וְאַתָּה הוּא הַשְּׁלֵמוּת שֶׁל כֻּלָּם. וְכַאֲשֶׁר אַתָּה מִסְתַּלֵּק מֵהֶם, יִשָּׁאֲרוּ כָּל הַשֵּׁמוֹת כְּגוּף לְלֹא נְשָׁמָה.

וּבְסֵפֶר[ג] רַעְיָא מְהֵימְנָא - אִיהוּ[39] שַׁלִּיט עַל כֹּלָּא וְלֵית מַאן דְּשַׁלִּיט בֵּיהּ, אִיהוּ תָּפִישׂ בְּכֹלָּא וְלֵית מַאן דְּתָפִישׂ בֵּיהּ, וְאִיהוּ לָא אִתְקְרֵי הוי"ה וּבְכָל שְׁמָהָן, אֶלָּא בְּאִתְפַּשְׁטוּתָא נְהוֹרֵיהּ עֲלַיְיהוּ. וְכַד אִסְתַּלַּק מִנַּיְיהוּ, לֵית לֵיהּ מִגַּרְמֵיהּ שֵׁם כְּלַל מִנְּהוֹן. עָמוֹק[40] עָמוֹק מִי יִמְצָאֶנּוּ, עַד כָּאן:

אִיהוּ[41] שַׁלִּיט עַל כֹּלָּא, וְלֵית מַאן דְּשַׁלִּיט בֵּיהּ. אִיהוּ תָּפִיס בְּכֹלָּא, וְלֵית מַאן דְּתָפִיס בֵּיהּ. וְאִיהוּ לָא אִתְקְרֵי הוי"ה, וּבְכָל שְׁמָהָן, אֶלָּא בְּאִתְפַּשְׁטוּת נְהוֹרֵיהּ עֲלַיְיהוּ. וְכַד אִסְתָּלִיק מִנַּיְיהוּ, לֵית לֵיהּ מִגַּרְמֵיהּ שֵׁם כְּלַל מִנְּהוֹן. עָמוֹק עָמוֹק מִי יִמְצָאֶנּוּ.

לְשׁוֹן[ג] הַזּוֹהַר עִם תַּרְגּוּם - הוּא שׁוֹלֵט עַל הַכֹּל, לְהַנְהִיגָם כִּרְצוֹנוֹ, אֵין מִי שֶׁשּׁוֹלֵט עָלָיו, הוּא תּוֹפֵס אֶת הַכֹּל לְקַשֵּׁר אֶת כָּל הַסְּפִירוֹת יַחַד, אֲפִלּוּ בְּעֵת תְּפִיסָתוֹ בָּהֶם, אֵין מִי שֶׁיִּתְפֹּס בּוֹ, וְאֵין שׁוּם תְּפִיסָה בּוֹ כְּלָל, וְהָנָא אֵינוֹ נִקְרָא בְּשֵׁם הוי"ה

---

[38] תִּיקוּנֵי זוֹהַר הַקְדָּמָה יז, א

[39] סֵפֶר הַזּוֹהַר חֵלֶק ג רכה, א

[40] קֹהֶלֶת ז, כג

[41] סֵפֶר הַזּוֹהַר פִּנְחָס רכה, א

וְכָל הַשֵּׁמוֹת. אֶלָּא בְּהִתְפַּשְׁטוּת אוֹרוֹ עֲלֵיהֶם, וּכְשֶׁהוּא מִסְתַּלֵּק מֵהֶם, אֵין לוֹ מֵעַצְמוּתוֹ שָׁם מֵהֶם כְּלָל וְהוּא - עֹמֶק עֹמֶק מִי יִמְצָאֶנּוּ בְּהִסְתַּלְּקוּתוֹ מֵהַנִּמְצָאִים.

ולפי שעטרת תפארת אין להם שם ידוע, וכוללת כל השמות, והכללה[42] כלולה מעליונים ותחתונים:

הנה מצד זה היחס שרי עלה עילת כל עילין ומתייחד בה, ובה שולטנותו על עליונים ותחתונים, כי הוצרכה להיות כך להעיד על **האין סוף:**

ויראה לי כי די והותר במה שכתבתי בזה ובו נשלמה הכוונה בזאת השאלה:

---

[42] שהיא המלכות

ספר דרך אמונה

ומה ששאלת ז"ל - ברור וגלוי שמאה ברכות הם כנגד מאה האדנים שהם כנגד עשר ספירות שכל אחת כלולה מעשר, בהיות שכתר עליון הוא רחמים גמורים כו', ועוד על זה הרי **מלכות** שנקראת - יבשה, וימה, וכל[1] הנחלים הולכים אל הים:

בני מה זו שאלה, האם עלה על דעתך שיש להביא בעניין הברכות כללות דין ורחמים שבכל אחת, אם כן צריך לברך מאתים ברכות, ומאה שמענו, מאתים לא שמענו. ואף אם תוציא מן המניין **כתר ומלכות** יישארו ק"ס, ומאה שמענו ק"ס לא שמענו:

ולפיכך יש לך לדעת כי מאה ברכות כנגד עשר ספירות, כנגד הרחמים, שבהם שכל אחת מכולן כלולה ברחמים, ולפיכך מאה ברכות כנגד מאה אדנים, וכולן היו כסף, להעיר על הכוונה כנגד הרחמים. וכבר ידעת כי הברכה מעוררת הרחמים למעלה מראש ועד סוף, והדין שבהם נכללים ברחמים, והרי - הצדיקים[2] מהפכים מידת הדין למידת רחמים. והרי הכל רחמים:

ולפיכך אין לחשוב כללות הדין, כי הברכה כובשת ומסלקת הדין, ומעוררת הרחמים, ולפיכך - ישמעאל[3] בני ברכני, והבן זה היטב:

ולפי שהברכות סבת הייחוד היה המספר מאה לא פחות, כי כבר

---

[1] קהלת א ז

[2] בראשית רבה עג, ג

[3] ברכות דף ז, א

ידעת כי המספר נחלק לשלוש מערכות - אחדים, עשרות, מאות. וכל החשבונות בין באחדים, בין בעשרות, בין במאות, אינן עולים כי אם עד תשע, כי כשתתחיל למנות מ-**א'** עד **י'** תמצא שעד **ט'** הם פרטים, וכולם קנו שם אחדים, על שם ה-**א'** שהוא ראש לכולם:

וכשתגיע ל-**י'** יש לה דמיון ה-**א'**, והיא מערכת בפני עצמה, וכזה תדון בעשרות ובמאות:

ומכאן תבין כי האצילות לא הגיע כי אם עד **היסוד**, והסוד - יקוו[4] המים מתחת השמים אל מקום אחד. ותחת השמים הוא **יסוד** ואמר עליו - **אל מקום אחד** שם תשלום האחדות. וה-**י'** שהיא היבשה, חוזרת אל האחד, להורות כי היא כלולה ומחוברת מכולן, ואינה לעצמה, כמו שאודיעך סוד זה להלן בס"ד:

והברכות חייבו להיות מאה לא פחות, להעיד ולהורות על האחדות, שהברכות סיבת הייחוד כמו שכתבתי, כי המאה בסוף העשרות כי **י'** בסוף האחדים, שהיא חוזרת אל האחד, וממנה תחילת החשבון כמו ה-**א'** בראש האחדים:

נמצאת למד כי המברך **צ"ט**[5] ברכות, וחיסר האחת, קוצץ בין **יסוד** ל**מלכות** - ונרגן[6] מפריד אלוף, ובהכרח לנו לומר ש**מלכות** מכלל המאה ובה חלק מהם שאם לא כן אינן מאה והגורע אינו מברך אלא מנאץ. ועל המברך נאמר - טוב[7] עין הוא יבורך כי נתן מלחמו

---

[4] בראשית א, ט
[5] צ"ט - 99
[6] משלי אז, כח
[7] משלי כב, ט

לדל. הרי המברך נשא שם עין ההשגחה, עין הרחמים, הנקרא - **טוב עין**, עין אחת בלא דין, פקוחה תמיד להשפיע ולברך לדל:

לדל דייקא, כי לדל עם המילה[8] עולה לחשבון **אדנ"י**, מלחמו - **מלחם ו'**, הוא לחם מן השמים. והבן כי כל זה מעוררים המאה ברכות, שבהם סוד הייחוד, ובהם תשלומו. ואין שלמות בזולת **מלכות**:

ובפרק התכלת - תניא[9] היה רבי מאיר אומר חייב אדם לברך מאה ברכת בכל יום, שנאמר - ועתה[10] ישראל מה הוי"ה אלהיך שואל מעמך. אל תיקרי **מה אלא מאה**:

ובספר[ד] רעיא מהימנא[11] - והיה[12] באכלכם מלחם הארץ תרימו תרומה להוי"ה. תרימו כגון - ראוך[13] יחילו הרים זרם מים עבר נתן תהום קולו **רום ידיהו נשא**. - ואינון עשר אצבעאן דסלוקו דילהון לעשר ספירות, דאינון - **יו"ד ה"א וא"ו ה"א** דסליק **מ"ה**. ובאתוון[14] דאלפ"א בית"א דאתב"ש **מ"ה** סליק מאה. י"ם ה"ץ והאי איהו דאוקמוה מרא מתניתין - מה הוי"ה שואל, ואמר - אל תיקרי מ"ה אלא מאה, לקבל מאה ברכאן דמחוייב ברנש לברכא למאריה בכל יומא והאי איהו דצריך למטעם ברנש בכל

---

[8] **היב"ש - לדל** עולה 64 עם התיבה של לדל, עולה 65 כמניין **אדנ"י**. עיין בספר **סוד יוסף** בהוצאת שמחת חיים.

[9] מנחות מג, ב

[10] דברים י, יב

[11] זוהר חלק ג קעט, א

[12] במדבר טו, יט

[13] חבקוק ג, י

[14] **היב"ש** - בצירופי אתב"ש **מ** הוא י, **ה** הוא **צ** ביחד מאה. עיין בספר **סוד יוסף** בהוצאת שמחת חיים.

יומא למאריה ובגין דא - ויקחו[15] לי תרומה מאת כל איש אשר ידבנו לבו תקחו את תרומתי. עד כאן:

וְהָיָה בַּאֲכָלְכֶם מִלֶּחֶם הָאָרֶץ תָּרִימוּ תְרוּמָה לַהוי"ה, תָּרִימוּ, כְּגוֹן - רוּם יָדֵיהוּ נָשָׂא, וְאִינּוּן עֶשֶׂר אֶצְבְּעָן, דְּסָלִיקוּ לְעֶשֶׂר סְפִירָן, דְּאִינּוּן יוֹ"ד ה"א וא"ו ה"א, דְּסָלִיקוּ מ"ה. וּבְאַתְוָון דְּאַלְפָּא בֵּיתָא, מָה סָלִיק מֵא"ה, י"ם ה"ץ. וְהַאי אִיהוּ דְּאוֹקְמוּהָ רַבָּנָן מָארֵי מַתְנִיתִין - וְעַתָּה יִשְׂרָאֵל מָ"ה הוי"ה אֱלֹהֶיךָ שׁוֹאֵל מֵעִמָּךְ, וְאָמְרוּ, אַל תִּקְרֵי מָה אֶלָּא מֵאָה, לְקַבֵּל מֵאָה בִּרְכָאן דְּמְחַיָּיב בַּר נָשׁ לְבָרְכָא לְמָארֵיהּ בְּכָל יוֹמָא, וְהַאי אִיהוּ דְּצָרִיךְ בַּר נָשׁ לְמִטְעַם בְּכָל יוֹמָא לְמָארֵיהּ, וּבְגִין דָּא - וְיִקְחוּ לִי תְּרוּמָה.

לְשׁוֹן[ד] הַזּוֹהַר עִם תַּרְגוּם - וְהָיָה[16] בַּאֲכָלְכֶם מִלֶּחֶם הָאָרֶץ תָּרִימוּ תְרוּמָה לַהוי"ה. תָּרִימוּ כְּגוֹן - רָאוּךְ יָחִילוּ הָרִים זֶרֶם מַיִם עָבָר נָתַן תְּהוֹם קוֹלוֹ רוֹם יָדֵיהוּ נָשָׂא. ר"ל שֶׁנָּשָׂא אֶת יָדָיו לְמַעְלָה, וְהֵם רוֹמְזוֹת עַל עֶשֶׂר אֶצְבָּעוֹת, שֶׁהָעֲלִיָּה שֶׁלָּהֶם הִיא עֶשֶׂר סְפִירוֹת, שֶׁהֵם כְּנֶגֶד הַשֵּׁם יוֹ"ד ה"א וא"ו ה"א שֶׁיֵּשׁ עֶשֶׂר אוֹתִיּוֹת, כְּנֶגֶד עֶשֶׂר אֶצְבָּעוֹת, וְשָׁם זֶה בְּגִימַטְרִיָּא מ"ה. וְהָאוֹתִיּוֹת דְּאתב"ש - מָ"ה עוֹלָה מֵאָה, כִּי מ' שֶׁל מֵאָה מִתְחַלֶּפֶת בְּ-י'. ה"ץ - ה' שֶׁל מָ"ה מִתְחַלֶּפֶת בְּ-צ', הֲרֵי י' וּ-צ' בְּגִימַטְרִיָּא מֵאָה. וְזֶהוּ שֶׁבֵּאֲרוּ הַחֲכָמִים בַּעֲלֵי הַמִּשְׁנָה עַל הַפָּסוּק - מָה הוי"ה שׁוֹאֵל, וְאָמַר - אַל תִּיקְרֵי מָ"ה אֶלָּא מֵאָה, לְקַבֵּל מֵאָה בְּרָכוֹת, וְזֶה הוּא שֶׁצָּרִיךְ הָאָדָם לְהַטְעִים בְּכָל יוֹם לְקוֹנוֹ. וּבִשְׁבִיל זֶה אָמַר - וְיִקְחוּ לִי תְּרוּמָה. לָכֵן - וְיִקְחוּ לִי תְּרוּמָה מֵאֵת כָּל אִישׁ אֲשֶׁר יִדְּבֶנּוּ לִבּוֹ תִּקְחוּ אֶת תְּרוּמָתִי.

---

[15] שמות כה, ב
[16] ספר הזוהר קרח קעט, א

הִנֵּה כִּי לְדִבְרֵי כוּלָם, הַבְּרָכוֹת מֵאָה, וְאִם אֵין **מַלְכוּת** מִכְלָלָם, אֵינָן מֵאָה, וְהַלֶּחֶם אָזַל מִכֵּלֵנוּ, וְהָבֵן זֶה מְאֹד:

וּבְסִפְרָ"א הַזֹּהַר - רָזָא[17] דְּעָלְמָא עִילָאָה אִיקְרֵי - **מִי** דַּרְגָּא תַּתָּאָה דְּאִיהוּ רָזָא דְּעָלְמָא תַּתָּאָה אִיקְרֵי - **מָה**, וְתָנֵינָן אַל תִּיקְרֵי **מַה** אֶלָּא **מֵאָה**, בְּגִין דְּכָל דַּרְגִּין עִילָּאִין בְּאַשְׁלְמוּתְהוֹן הָכָא אִינּוּן. אַמַּאי אִיקְרֵי **מַה** אֶלָּא אַף עַל גַּב דְּמַשִׁיכוּ עִילָאָה, אִתְמְשַׁךְ לֹא אִתְגַּלְיָא, עַד דְּאִשְׁתְּלִים הָכָא אֲתַר סוֹפָא דְּכָל דַּרְגִּין, סוֹפָא דְּאַמְשָׁכוּתָא דְּכֹלָּא וְקַיְימָא בְּאִתְגַּלְיָא, אַף עַל גַּב דְּאִתְגַּלְיָא יַתִּיר מִכֹּלָּא קַיְימָא לִשְׁאֵלָא **מַה**, **מָה** חָמִית **מַה** יָדַעַת, כְּמָה דְּאִתְּאַמַר - כִּי[18] לֹא רְאִיתֶם כָּל תְּמוּנָה בְּיוֹם דִּבֶּר הוי"ה אֲלֵיכֶם בַּחֹרֵב מִתּוֹךְ הָאֵשׁ, עַד כָּאן:

דַּרְגָּא[19] עִלָּאָה, דְּאִיהוּ רָזָא דְּעָלְמָא עִלָּאָה, אִקְרֵי **מִ"י**. דַּרְגָּא תַּתָּאָה, דְּאִיהוּ רָזָא דְּעָלְמָא תַּתָּאָה, אִקְרֵי **מָ"ה**. וְתָנֵינָן, אַל תִּקְרֵי **מָ"ה** אֶלָּא מֵאָה, בְּגִין דְּכָל דַּרְגִּין עִלָּאִין בְּאַשְׁלָמוּתְהוֹן הָכָא אִינּוּן.

לְשׁוֹנָ"ל הַזֹּהַר עִם תַּרְגּוּם - דַּרְגָּה עֶלְיוֹנָה, שֶׁהוּא סוֹד שֶׁל עוֹלָם עֶלְיוֹן, נִקְרֵאת **מִ"י**. דַּרְגָּה תַּחְתּוֹנָה, שֶׁהוּא סוֹד שֶׁל עוֹלָם עֶלְיוֹן, נִקְרֵאת **מָ"ה**. וְשָׁנִינוּ, אַל תִּקְרֵי **מָ"ה** אֶלָּא מֵאָה, כִּי כָּל הַדְּרָגוֹת הָעֶלְיוֹנוֹת בִּשְׁלֵמוּתָם הֵם כָּאן.

תּוּ אַמַּאי אִקְרֵי **מָ"ה**. אֶלָּא אַף עַל גַּב דְּמַשִׁיכוּ עִלָּאָה אִתְמְשַׁךְ, לֹא אִתְגַּלְיָא עַד דְּאִשְׁתְּלִים הָכָא, דְּאִיהוּ אֲתַר סוֹפָא דְּכָל דַּרְגִּין, סוֹפָא דְּאַמְשָׁכוּתָא דְּכֹלָּא, וְקַיְימָא בְּאִתְגַּלְיָא. וְאַף עַל גַּב דְּאִתְגַּלְיָא יַתִּיר מִכֹּלָּא, קַיְימָא לִשְׁאֵלָא, **מָ"ה**. מַה חָמִית, מַה יָדַעְתָּ, כְּמָה דְּאַתְּ אָמַר - כִּי לֹא רְאִיתֶם כָּל תְּמוּנָה.

עוֹד, לָמָה נִקְרֵאת **מָ"ה**. אֶלָּא אַף עַל גַּב שֶׁמְשִׁיכוּת עֶלְיוֹנָה

---

[17] זוהר חלק ב קכז, א
[18] דברים ד, טו
[19] זוהר תרומה קכז, א

נִמְשָׁכָה, לֹא הִתְגַּלְּתָה עַד שֶׁנִּשְׁלָם כָּאן, שֶׁהוּא מְקוֹם סוֹף כָּל הַדְּרָגוֹת, סוֹף שֶׁל הַמְשָׁכַת הַכֹּל, וְעוֹמֵד בְּהִתְגַּלּוּת. וְאַף עַל גַּב שֶׁגָּלוּי יוֹתֵר מֵהַכֹּל, עוֹמֵד לַשְּׁאֵלָה **מ"ה**. מָה רָאִיתָ, מַה יָּדַעְתָּ, כְּמוֹ שֶׁנֶּאֱמַר - כִּי לֹא רְאִיתֶם כָּל תְּמוּנָה.

הרי ביארו בפירוש כי האחרונה נקראת - **מ"ה**[20] והיא היא - **מ"י**[21] הבת דומה לאם, שהרי **ה' י'** היא, וזה גם כן להורות על הייחוד, וכבר הארכתי בזה:

ואמרו - אל[22] תיקרי **מה אלא מאה.** ואמרו הטעם בגין דכל דרגין עילאין באשלמותהון הכא אינון. הנה כי היא שלמות העליונים ובה נשלם הייחוד. ובאמרם - אל תיקרי **מה אלא מאה,** ביארו כי היא עולה למספר זה ושהיא כלל כולם, ואם היא ריקה כדבריך איך היא מכללם, כל שכן כלל כולם שנקראת מאה. וכבר כתבתי כי היא שלמות השם הגדול המיוחד - **ה'** אחרונה, והיא שלמות האדם העליון:

ואמרו עוד אף על גב דמשיכו עילאה אתמשך והוא סוד התפשטות המחשבה, לא אתגליא עד דאשתלים הכא דאיהו אתר סופא דכל דרגין סופא דאמשכותא דכלא. הנה כי עד כאן הגיע הייחוד והמשכת האצילות, בה נשלם ובלתה אין שלמות, והיא סוף ואחרית המדרגות:

וכבר ידעת כי **אין סוף בלא ראש.** ובספר יצירה - שנינו[23] עשר

<hr>

[20] **היב"ש** - המלכות נקראת לפעמים **מ"ה**.

[21] **היב"ש** - הבינה שהיא אימא נקראת **מ"י**, בסוד **נ'** שערי בינה.

[22] מנחות מג, ב

[23] ספר יצירה פרק א משנה ו

ספירות בלימה מדתן עשר שאין להם סוף, נעוץ סופן בתחילתן ותחילתן בסופן כשלהבת קשורה בגחלת שאדון יחיד הוא ואין שני לו ולפני אחד מה אתה סופר:

הנה כי סוף המעלות נעוץ וקשור ומיוחד בהתחילה **ובראש.** כללו של דבר כל זה לבאר שאינה לעצמה, ואינה חוץ לייחוד חלילה, אבל היא בייחוד גמור עם העליונים לה, ואינה דבר זולתם, והמכחיש זה הרי הוא מין, מאמין בשתי רשויות. אבל היא רשות היחיד. ואתה **השמר לך** ושמור נפשך מאד והזהר ודע איך תייחד את השם ייחוד שלם:

ואם אמרת הרי **מלכות** שנקראת יבשה, וימה, וכל[24] הנחלים הולכים אל הים. ואין לה אלא מה אם כן איך הם מאה:

הנה דבריך אלה בלתי מכוונים ומסופקים מאד, והם עדים עליך שלא עמידת על סוד הייחוד האמיתי. ואם מצאת לחכמי האמת אומרים שאין לה מעצמה כלום, והיא כירח שאין לה אור מעצמה וכיוצא באלה הדברים, שהמורים בתחילת המחשבה שהיא ריקה ויבשה, ואינה כי אם דבר בפני עצמה כפי דבריך אלה, על דרך זה ידוע כי לפעמים האם משולחת בפשע בניה בסוד - ובפשעכם[25] שולחה אמכם. ואז אין שופכין בה, כי - הצדיק[26] אבד ואין איש שם על לב ואנשי חסד נאספים באין מבין **כי מפני הרעה נאסף הצדיק:**

ואם היא יבשה כפי עצמה, נמצא שאז היא דבר לעצמה, ואינה

---

[24] קהלת א ז
[25] ישעיהו ג, א
[26] ישעיהו נז, א

מכלל הייחוד חלילה, ונמצא כי **כשמקבלת** היא מכלל הייחוד, **וכשאינה מקבלת** כשהיא מרוחקת, היא מכלל הפרוד, וידוע כי הנפרד הוא דבר בפני עצמו:

סוף דבר יראה מדברים אלה שאינה ספירה ואינה מכלל האצילות חלילה ואם כן נפרדה חבילה ואך חלק, והם עצמם קבלו ואמרו שהיא כלולה מכולם והיא ממנינם ומיוחדת בכולם. ושנינו בספר יצירה - עשר[27] ספירות בלימה **עשר ולא תשע** עשר ולא אחת עשר הבן בחכמה וחכם בבינה בחון בהם וחקור מהם והעמד דבר על בוריו והשב יוצר על מכונו. והכוונה להביאה במניין המידות ולכוללה עמהם, ושהיא ספירה בספירות העליונות, וכולם קבלו ואמרו עשר ספירות הוא האצילות, והגורע או מוסיף **בחשכה יתהלך**, והוא קוצץ בנטיעות, האילן הקדוש המיוחד:

ואם ידעת זה איך נסתפקת אם היא בכלל מאה ברכות בעליונים לה, אבל על כורחך יש לך להאמין בהכרח שיש בה מה שיש בעליונים דין ורחמים, שהרי נקראת מידת **הדין הרפה**, מכלל שיש בה רחמים גם כן, ולזה יש לה יחס וייחוד עם העליונים, לה ותמנה מכללם, שאם לא כן על מה תשרה הברכה והשפע הבא אליה מלמעלה, אם הייתה ריקה מכל זה:

וידוע כי צריך התעוררות שיעלה ממנה[28], ובהתעוררותה כפי מה שיש בה, תוכן לקבל מלמעלה, ואם לא היה בה דבר אם כן במה תתעורר לקבל:

---

[27] ספר יצירה פרק א משנה ג
[28] עיין ע"ח שער ט"ל, שער מ"ן ומ"ד

ובספר[לה] התיקונין[29] - הוי"ה **אד'** מן אדנ"י הכי סליק לחמש ורמז דמלה - ואד[30] יעלה מן הארץ והשקה את כל פני האדמה. תא חזי אתערותא צריך מתתא לעילא, הדא הוא דכתיב - ואד יעלה מן הארץ, ולבתר - והשקה את הגן, והשקה ו' איהו שקיו מלעילא לתתא, דאיהו נחל קדומים דאתמשך מן מוחא, והכי צריך לאתערא אתערותא בקדמיתא מתא ורזא דמלה - אשה[31] כי תזריע וילדה זכר. עד כאן. ואם היא יבשה ריקנית, במה זה תתעורר ותזריע.

בְּרֵאשִׁית בָּרָא אלהים, אלהים[32] - חָמֵשׁ אַתְוָון כְּחוּשְׁבַּן **ה', א''ד** מִן **אדנ**"י הָכִי סָלִיק לְחָמֵשׁ, וְרָזָא דְּמִלָה וְאֵד יַעֲלֶה מִן הָאָרֶץ וְהִשְׁקָה אֶת כָּל פְּנֵי הָאֲדָמָה - תָּא חֲזֵי אִתְעָרוּתָא צָרִיכָא מִתַּתָּא לְעֵילָא, וּלְבָתַר וְהִשְׁקָה אֶת כָּל פְּנֵי הָאֲדָמָה, וְהִשְׁקָה ו' אִיהוּ שַׁקְיוּ מֵעֵילָא לְתַתָּא, דְּאִיהוּ נַחַל קְדוּמִים דְּאִתְמַשַׁךְ מִן מוֹחָא, וְהָכִי צָרִיךְ לְאַתְעָרָא אִתְעָרוּתָא בְּקַדְמֵיתָא מֵאִתְּתָא, וְרָזָא דְמִלָה אִשָׁה כִּי תַזְרִיעַ, וּמִיָּד - וְיָלְדָה זָכָר

לְשׁוֹן[לה] הַזוֹהַר עִם תַּרְגוּם - בְּרֵאשִׁית בָּרָא אֱלֹהִי"ם. אֱלֹהִי"ם חָמֵשׁ אוֹתִיוֹת כְּחֶשְׁבּוֹן **ה', א''ד** מִן **אדנ**"י כָּךְ עוֹלֶה לְחָמֵשׁ, וְסוֹד הַדָבָר - וְאֵד יַעֲלֶה מִן הָאָרֶץ וְהִשְׁקָה אֶת כָּל פְּנֵי הָאֲדָמָה. בֹּא וּרְאֵה, הַתְעוֹרְרוּת צְרִיכָה מִמַּטָה לְמַעְלָה, וְאַחַר כָּךְ וְהִשְׁקָה אֶת כָּל פְּנֵי הָאֲדָמָה, וְהִשְׁקָה ו' הִיא הַשְׁקָאָה מִמַעְלָה לְמַטָה, שֶׁהִיא נַחַל קְדוּמִים שֶׁנִּמְשָׁךְ מִן הַמֹּחַ, וְכָךְ צָרִיךְ לְהָעִיר הִתְעוֹרְרוּת בָּרִאשׁוֹנָה מֵהָאִשָׁה, וְסוֹד הַדָּבָר - אִשָׁה כִּי תַזְרִיעַ, וּמִיָּד - וְיָלְדָה זָכָר.

[29] תיקוני הזוהר, תיקון נ"ב פז, א

[30] בראשית ב, ו

[31] ויקרא יב, א

[32] בשם אלהים יש חמש אותיות

ובספר הבהיר - ומאי[33] ברכה, אלא משל למה הדבר דומה למלך שנטע אילנות בגנו, אף על פי שירדו גשמים ושואב תמיד וגם הקרקע לח, צריך הוא להשקותם מן המעיין, שנאמר - ראשית[34] חכמה יראת הוי"ה שכל טוב לכל עושיהם. ואם תאמר שהיא חסרה כלום הרי הוא אומר - תהילתו[35] עומדת לעד. עד כאן:

הרי לפניך שהגן קרקעו לח ואינו יבש ולא ריקן. ולפי שכבר החילותי להסיר מסווה העיוורון מעל פניך, ולהאיר עיניך בדברים שהם כבשונו של עולם, והמתחיל אומרים לו מרוק. גם בזה שהשלמות תלוי בו והוא **יסוד** הכל אאיר עיניך ואשלימך בו:

דע דעה נאמנה אמיתית, כי כל אחת מהמידות יש בה דבר וגוון מעצמה ומחברתה, ולפיכך זו כלולה מזו, וזו מיוחדת בזו, ייחוד שלם, ובזה כל אחת נשמעת לחברתה ונפעלת ומקבלת ממנה, ובזה העניין והתבונה הגיעה אצילות והייחוד עד המידה התשיעית, שהיא **יסוד** עולם, בסוד - יקוו[36] המים מתחת השמים אל מקום אחד. והסוד **יקוו** ויתכנסו הכוחות כולם אל **היסוד** שעד שם הוא הייחוד, שהוא הברית המייחד הגוף, כמו הברית באדם הגשמי שהוא סיום ותשלום הגוף, וכתיב - כי[37] כל בשמים ובארץ. ותרגם יונתן - דאחיד[38] בשמיא ובארעא. והכוונה על הצדיק הנקרא **כל** שהוא מייחד ומקשר השמים סוד - **ו'** שבשם בארץ סוד - **ה'** אחרונה, בעת הרצון כברית הקושר ומייחד האדם בלויה שלו. אם

---

[33] ספר הבהיר סימן ס"ו

[34] תהלים קיא, י

[35] תהלים קיא, י

[36] בראשית א, ט

[37] דברי הימים-א כט, יא

[38] **היב"ש** - השמים נקראים ז"א, והארץ היא בחינת **המלכות**. עיין ע"ח שער ה פרק ה. ושער מט פרק ג.

כן הוא סיום הגוף וייחודו, ועד שם הגיע הייחוד, על הדרך והעניין שכתבתי:

ותראה[39] היבשה - הוא **כנסת**[40] **ישראל**. דע כי מידה זו אינה באחדות העליונים לפי שהיא כפי אמיתת עצמה אין לה גוון ודבר מעצמה כעניין בכל אחת מהמידות העליונות לה וכמו שכתבתי, ולזה נקראת יבשה כפי עצמה:

ולסוד זה אמרו חכמי האמת - **שאין**[41] לה האור מעצמה, ולא שום גוון שיורה על עצמה, עם שהיא ספירה ומידה, והיא באצילות, עם העליונים, ולסוד זה נקראת - **לבנת**[42] **הספיר** כמו שהספיר אין לו גוון מיוחד יורה על עצמו, ועל אמיתתו ולזה הוכן לקבל כל הגוונים וכל התמונות, ואילו היה לו גוון מיוחד כפי עצמו כבר קבל צורה ולא יקבל שום גוון וצורה אחרת:

כך **המלכות** אין לו מעצמו גוון מיוחד יורה עליו, ולפיכך יקבל כל הגוונים והמראות העליונות, ואילו היה לו גוון ומאור מיוחד, כפי עצמו לא יוכל לקבל גוון אחר כלל, ובמה זה. אם כן היה מכלל ייחוד העליונים ומתייחד עמהם, אבל ח"ו אלו היה בו גוון לעצמו, יהיה רשות בפני עצמו, ולזה הייתה הכוונה שלא יהיה בו שום גוון, וכח מיוחד שיורה עליו, ובזה יהיה מוכן לקבל כל הגוונים והכוחות של מעלה לו ובזה והיה המשכן אחד:

ואם תאמר - והרי אמרת שכל אחת מהעליונות לה יש לה גוון ואור

---

[39] בראשית א ט

[40] **היב"ש** - כנסת היא המלכות

[41] זוהר חלק א קכא, א

[42] **היב"ש** - לבנת הספיר לפי רבינו האר"י הוא בחינת **יסוד והעטרה** שלו, עיין שער הכוונות לרבינו האר"י, דרושי תפילת השער, דרוש א.

מעצמה, ולפי שהיא גם כן כלולה ממה שבחברתה, נשמעת לה, ומתייחדת בה, ולמה לא היה כן במידת **המלכות**:

דע כי אילו היה כן לא הייתה נשמעת ונפעלת, כי אם מאותה מידה שהיא כלולה ממנה, ואין בזה הוראה שיש לה ייחוד עם כולם, ושהיא נפעלת ומקבלת מהם ולא היה בזה ייחוד שלם:

ואמנם הוצרכה מידה אחת תהיה מחוברת מכולם, כח כללי לכולם, שכל אחת יהיה לה שייכת ויחס עמה, ממה שיש בה מכוחה, ובעניין זה תתפעל ותקבל מכולם, ובזה תהיה קשר וייחוד כולם, ובזה יהיו כולם פועלים על ידה ויהיה ייחודם שלם בה כי אין רשות לשום אחת לפעול, כי אם על ידה, ואילו היו פועלים על יד זולתה, יהיה זה ח"ו קצוץ ופרוד, ולזה היה הרצון והחפץ שיהיה המלכות כח כללי מחובר מכולם. ולזה תמצא תמיד לחכמי האמת אומרים - ומרגלא[43] בפומיהו **שהמלכות** כלול מכולם, והכוונה להם עליהם השלום, זה הסוד שביארתי:

ובספר[ל'] התיקונין - שבעא[44] ספירות כלילן בשבע שמהן, וכולהו כלילת לון **בת שבע** י"ה **חכמה ובינה.** א' - כתר עליון, וכלא כליל **בת שבע** ולית ספירה מכלהו ספירות דיהא לה רשו לארקא ברכאן ולאשפעא לתתאין, אלא בלתי בעל תכלית **שבע** בגין דאיהו קשורא דכלהו ספירות, דאי ספירות הוו מריקין לבר מינה, הוה פרודא, ובגין דא לית רשו לארקא ספירא לשום אתר בר מינה, לגבי תתאין ובגין דא איתמר בה - אל[45] יתהלל חכם בחכמתו ואל

---

[43] זוהר חלק א רלה, ב
[44] תיקוני הזוהר, תיקון ד יט, א
[45] ירמיהו ט, כב

יתהלל הגיבור בגבורתו אל יתהלל עשיר בעשרו. כי[46] אם בזאת
יתהלל המתהלל השכל וידע אותי כי אני הוי"ה עשה חסד משפט
וצדקה בארץ כי באלה חפצתי נאם הוי"ה. בזאת[47] יבא אהרן אל
הקדש. דלית רשו לנביאה וחכימה למנדע לעילא שום ידיעה אלא
בה. ובגינה אתמר - ומשה[48] עלה אל האלהים. ודוד בגינה אמר -
אם[49] אתן שנת לעיני תנומה. עד[50] אמצא מקום להוי"ה משכנות
לאביר יעקב. איהי שלימו דאדם דייחודא שלימו דשמא קדישא
שלימו דכל ספירה וספירה, עד כאן:

וְאִנּוּן[51] שֶׁבַע סְפִירָן כְּלִילָן בְּשֶׁבַע שְׁמָהָן וְכֻלְּהוּ כְּלִילַת לוֹן בַּת שֶׁבַע,
וְלֵית סְפִירָה מִכֻּלְּהוּ סְפִירָן דְּיְהֵא לָהּ רְשׁוּ לְאַרְקָא בִּרְכָאן וּלְאַשְׁפָּעָא
לְתַתָּאִין, אֶלָּא בְּבַת שֶׁבַע, בְּגִין דְּאִיהִי קְשׁוּרָא דְכֻלְּהוּ סְפִירָן, דְּאִי
סְפִירָן הֲווֹ מְרִיקִין לְבַר מִינָּהּ הֲוָה פֵרוּדָא, וּבְגִין דָּא לֵית רְשׁוּ לְאַרְקָא
סְפִירָה לְשׁוּם אֲתַר בַּר מִינָּהּ, לְגַבֵּי תַּתָּאִין, וּבְגִין דָּא אִתְּמַר בָּהּ - אַל
יִתְהַלֵּל חָכָם בְּחָכְמָתוֹ וְגוֹמֵר, כִּי אִם בְּזֹאת, בְּזֹאת יָבֹא אַהֲרֹן אֶל
הַקֹּדֶשׁ, דְּלֵית רְשׁוּ לְנָבִיא וְחַכִּימָא לְמִנְדַּע לְעֵילָא שׁוּם מַדָּע אֶלָּא בָהּ,
וּבְגִינָהּ אִתְּמַר - וּמֹשֶׁה עָלָה אֶל הָאֱלֹהִי"ם, וְדָוִד בְּגִינָהּ אָמַר - אִם
אֶתֵּן שְׁנָת לְעֵינַי לְעַפְעַפַּי תְּנוּמָה, עַד אֶמְצָא מָקוֹם להוי"ה, אִיהוּ
שְׁלִימוּ דְאָדָם, שְׁלִימוּ דְיְחוּדָא, שְׁלִימוּ דִּשְׁמָא קַדִּישָׁא, שְׁלִימוּ דְכָל
סְפִירָה וּסְפִירָה:

לְשׁוֹן[52] הַזּוֹהַר עִם תַּרְגּוּם - וְאוֹתָן שֶׁבַע סְפִירוֹת כְּלוּלוֹת
בְּשִׁבְעָה שֵׁמוֹת. וְאֶת כֻּלָּם כּוֹלֶלֶת בַּת שֶׁבַע, וְאֵין סְפִירָה מִכָּל
הַסְּפִירוֹת שֶׁיִּהְיֶה לָהּ רְשׁוּת לְהוֹרִיק בְּרָכוֹת וּלְהַשְׁפִּיעַ

---

[46] ירמיהו ט, כג

[47] ויקרא טז, ג

[48] שמות יט, ג

[49] תהלים קלב, ד

[50] תהלים קלב, ה

[51] תיקוני הזוהר, תיקון ד יט, א

לַתַּחְתּוֹנִים אֶלָּא בְּבַת שֶׁבַע, מִשּׁוּם שֶׁהִיא הַקֶּשֶׁר שֶׁל כָּל הַסְּפִירוֹת, שֶׁאִם הַסְּפִירוֹת הָיוּ מְרִיקוֹת הָיוּ מְרִיקוֹת לָהּ, הָיָה פֵרוּד. וּמִשּׁוּם זֶה אֵין רְשׁוּת לְשׁוּם סְפִירָה לְהָרִיק לְשׁוּם מָקוֹם פְּרָט לָהּ, אֶל הַתַּחְתּוֹנִים, וּמִשּׁוּם כָּךְ נֶאֱמַר בָּהּ אַל יִתְהַלֵּל חָכָם בְּחָכְמָתוֹ וְגוֹמֵר, כִּי אִם בְּזֹאת. בְּזֹאת יָבֹא אַהֲרֹן אֶל הַקֹּדֶשׁ, שֶׁאֵין רְשׁוּת לְנָבִיא וְחָכָם לָדַעַת לְמַעְלָה שׁוּם מַדָּע אֶלָּא אֶלָּא בָּהּ, וּבִשְׁבִילָהּ נֶאֱמַר וּמֹשֶׁה עָלָה אֶל הָאֱלֹהִ"ם, וְדָוִד אָמַר בִּגְלָלָהּ אִם אֶתֵּן שְׁנַת לְעֵינַי לְעַפְעַפַּי תְּנוּמָה עַד אֶמְצָא מָקוֹם לַהֲוָי"ה, הוּא שְׁלֵמוּת הָאָדָם, שְׁלֵמוּת הַיִּחוּד, שְׁלֵמוּת הַשֵּׁם הַקָּדוֹשׁ, שְׁלֵמוּתָהּ שֶׁל כָּל סְפִירָה וּסְפִירָה.

הנה התבאר כי כולם יש להם יחס ושייכות בה, ושהיא כח כללי מחובר מכולם. ובגין דא לית רשו לארקא ברכאן ולאשפעא לתתאין. ואילו היה לה כח מיוחד מעצמה, ולא היתה כלולה מכולם, או אפילו מאחת מהם, למה לא יהי להם רשות לארקא לארקא ברכאן ולאשפעא לתתאין. אחר שאין להם יחס ולא ייחוד בה, אבל לפי שהיא כח כולם, ואין לה גוון מיוחד בעצמה, יורה עליה לזה – לית רשו לארקא ברכאן ולאשפעא לתתאין, שהיה זה קצוץ:

והוסיף ביאור בזה לאמת ולגלות שהיא תמונת כל ודמות אדם העליון ושבה נראים כל הגוונים והמאורות העליונים, ואמר – דלית רשו לנביא וחכימא למנדע לעילא שום מדע אלא בה, כי לפי שהיא כלולה מכולם והיא תמונה לכולם וכל העליונים בה נרשמים ונחתמים בה השגת כל הנביאים ובה נבואתם וממנה יודעים בעליונים כל אחד כפי המידה שנשמתו אצולה ממנה לפי שבה נכללים כולם וכזו השגת החכמים בה. ואילו לא היתה כוללת כל המראות וההשגות להיות כח כללי מחובר מכולם ואין לה גוון ידוע

ומיוחד לעצמה, הנה המשיג ויודע בה אינו משיג ויודע למעלה ממנה אם היה לה גוון מיוחד בפני עצמה, ולא היו המידות אם כן מתייחדות בהשגת הנביאים, להיותה מכח כולם, כמו שכן ראוי לעמותה. ולהורות עוד על אמיתת זה הוסיף ואמר ובגינה אתמר - ומשה[52] עלה אל האלהים ויקרא אליו הוי"ה מן ההר לאמר כה תאמר לבית יעקב ותגיד לבני ישראל. שהרצון בזה שלהיותה כלולה ומחוברת מכולם:

הנה בהשיגו[53] עליו השלום - האלהים שהיא מידת **המלכות**, מיד - **ויקרא אליו הוי"ה** שהוא ביתו, ובו נראה ועלה למשה שהוא הבית שמשה נאמן בכולן, מה שאין כן בכל הנביאים זולתו, וזה לפי שהוא כלול ממנו ומיוחד בו וכל מראות זה השם המיוחד נגלים ונראים בהיכל זה ומתוכו:

וזו היא הכוונה לדוד עליו השלום, באמרו - אם[54] אתן שנת לעיני לעפעפי תנומה. עד[55] אמצא מקום להוי"ה משכנות לאביר יעקב. שזה הבית הוא מקום שבו שוכן, ונגלה ונראה בו השם המיוחד, לפי שהוא כלול ממנו - **והוא משכנות לאביר יעקב.** והוא שסיים - איהו שלימו דאדם דייחודא, שאין האדם שלם אלא באשתו בסוד - זכר[56] ונקבה בראם ויברך אתם ויקרא את שמם אדם ביום הבראם. הרי שניהם נקראים אדם שלימו דשמא קדישא, שהרי **ה'** אחרונה שבשם, שלימות השם וייחודו שלימו דכל ספירה וספירה, להורות על מה שביארתי כי היא כלולה מכל אחת מהעליונות, ומה שיש בה כי היא תמונת כל אחת מהן ופועלת על ידה כי היא שליח

---

[52] שמות יט, ג

[53] **היב"ש** - משה רבינו ע"ה

[54] תהלים קלב ד

[55] תהלים קלב ה

[56] בראשית ה, ב

כל אחת מהן, ולפיכך נקראת על שמה ואין שום אחת מהן נשלמת אלא בה. לפי שאין לשום אחת רשות להשפיע ולפעול בתחתונים, ולגמור פעולתה כי אם **בה תחילה** ומשם ייפרד:

ולפיכך היא שלימות כל אחת בפרט ושלמות ואחדות כל האצילות בכלל להיותה כח כללי מחובר מכולם כמו שביארתי:

ובספר[ל] התיקונין[57] - כד אתנטילת **מכתר** אתקריאת **עטרת תפארת**. עטרה בריש כל צדיק תגא דספר תורה. ובגינה איתמר - ודישתמש[58] בתגא חלף. כד אתנטילת **מחכמה** עילאה דאיהי ראשית, אתקריאת על שמה **חכמה**. וכד אתנטילת **מבינה** אתקריאת על שמה **תבונה**. וכד אתנטילת מחסד אתקריאת תורה שבכתב. דאתיהיבת מימינא הדא הוא דכתיב - מימינו[59] אש דת למו. כד אתנטילת **מגבורה** אתקריאת תורה שבעל פה, דהכי אוקמוה מארי מתניתין תורה שבעל פה מפי הגבורה[60] נתנה. ותמן - גיבורים[61] עומדים בפרץ. ולא יכיל למיקם בה אלא גיבור במלחמתה של תורה, גיבור ביצרו.

כד[62] אִתְנְטִילַת מִכֶּתֶר אִתְקְרִיאַת עֲטֶרֶת תִּפְאֶרֶת, עֲטָרָה בְּרֹאשׁ כָּל צַדִּיק, תַּגָּא דְסֵפֶר תּוֹרָה, וּבְגִינָהּ אִתְּמַר כָּל הַמִּשְׁתַּמֵּשׁ בְּתַגָּא חֲלָף, כַּד אִתְנְטִילַת מֵהַאי חָכְמָה עִלָּאָה דְאִיהִי רֵאשִׁית, אִתְקְרִיאַת עַל שְׁמָהּ, וְכַד אִתְנְטִילַת מִבִּינָה אִתְקְרִיאַת עַל שְׁמָהּ תְּבוּנָה.
לְשׁוֹן[ל] הַזוֹהַר עִם תַּרְגוּם - כְּשֶׁנִּטְּלָה מִכֶּתֶר נִקְרֵאת עֲטֶרֶת

---

[57] תיקוני הזוהר, הקדמה יא, ב

[58] אבות פרק ג משנה יג

[59] דברים לג, ב

[60] **היב"ש** - הכוונה לקדוש ברוך הוא, ולא לספירת הגבורה

[61] מתוך פיוט הסליחות - אנשי אמונה אבדו

[62] תיקוני הזוהר, הקדמה יא, ב

תִּפְאֶרֶת, עֲטָרָה בְּרֹאשׁ כָּל צַדִּיק, הַכֶּתֶר שֶׁל סֵפֶר תּוֹרָה, וּבִגְלָלָהּ נֶאֱמַר כָּל הַמִּשְׁתַּמֵּשׁ בְּתָגָא חֲלָף. כְּשֶׁנִּטְלָה מֵהַחָכְמָה הָעֶלְיוֹנָה הַזּוֹ, שֶׁהִיא רֵאשִׁית, נִקְרֵאת עַל שְׁמָהּ, וּכְשֶׁנִּטְלָה מִבִּינָה, נִקְרֵאת עַל שְׁמָהּ - **תְּבוּנָה**.

וְכַד אִתְנְטִילַת מֵחֶסֶד, אִתְקְרִיאַת תּוֹרָה שֶׁבִּכְתָב דְּאִתְיְהִיבַת מִימִינָא, דִּכְתִיב - מִימִינוֹ אֵשׁ דָּת לָמוֹ, וְכַד אִתְנְטִילַת מִגְּבוּרָה אִתְקְרִיאַת תּוֹרָה שֶׁבְּעַל פֶּה, דְּהָכִי אוּקְמוּהוּ מָארֵי מַתְנִיתִין, תּוֹרָה שֶׁבְּעַל פֶּה מִפִּי הַגְּבוּרָה נִיתְּנָה, וּמִתַּמָּן גִּבּוֹרִים עוֹמְדִים בָּאָרֶץ, וְלָא יָכִיל לְמֵיקַם בָּהּ אֶלָּא גִּבּוֹר בְּמִלְחַמְתָּה שֶׁל תּוֹרָה, גִּבּוֹר בְּיִצְרוֹ.

וּכְשֶׁנִּטְלָה מֵחֶסֶד נִקְרֵאת תּוֹרָה שֶׁבִּכְתָב, שֶׁנִּתְּנָה מִיָּמִין, שֶׁכָּתוּב מִימִינוֹ אֵשׁ דָּת לָמוֹ, וּכְשֶׁנִּטְלָה מִגְּבוּרָה נִקְרֵאת תּוֹרָה שֶׁבְּעַל פֶּה, שֶׁכָּךְ פֵּרְשׁוּהָ בַּעֲלֵי הַמִּשְׁנָה, תּוֹרָה שֶׁבְּעַל פֶּה מִפִּי הַגְּבוּרָה נִתְּנָה, וּמִשָּׁם גִּבּוֹרִים לַעֲמֹד בָּאָרֶץ, וְלֹא יָכוֹל לַעֲמֹד בָּהּ אֶלָּא גִּבּוֹר בְּמִלְחַמְתָּה שֶׁל תּוֹרָה, גִּבּוֹר בְּיִצְרוֹ.

וּבְיוֹמָא^{ל"ח} תְּלִיתָא נְחִיתַת לְעַמּוּדָא דְּאֶמְצָעִיתָא עַל יַד מֹשֶׁה, הֲדָא הוּא דִּכְתִיב - וַיְהִי[63] בַּיּוֹם הַשְּׁלִישִׁי בִּהְיוֹת הַבֹּקֶר וַיְהִי קֹלֹת וּבְרָקִים וְעָנָן כָּבֵד עַל הָהָר וְקֹל שֹׁפָר חָזָק מְאֹד וַיֶּחֱרַד כָּל הָעָם אֲשֶׁר בַּמַּחֲנֶה. בִּתְרֵי לוּחֵי אַבְנִין - **נֶצַח וְהוֹד** הֲדָא הוּא דִּכְתִיב[64] כְּתוּבִים מִשְּׁנֵי עֶבְרֵיהֶם מִזֶּה וּמִזֶּה הֵם כְּתֻבִים, וְאִינּוּן תְּרֵי נְבִיאֵי קְשׁוֹט וּמִסִּטְרָא דְּעַמּוּדָא דְּאֶמְצָעִיתָא, אִתְקְרִיאוּ נְבִיאֵי הָאֱמֶת, וּשְׁכִינְתָּא - תּוֹרַת[65] אֱמֶת הָיְיתָה בְּפִיהוּ. וְאִתְקְרִיאַת מַרְאֵה הַנְּבוּאָה, וְרוּחַ הַקֹּדֶשׁ מִסִּטְרָא דְּתַרְוַיְהוּ, וּבְיוֹם הַשְּׁבִיעִי נָתְנָה דָּא **צַדִּיק** יְסוֹד עוֹלָם. וּבְדַרְגָּא דִילֵהּ **מַלְכוּת** מְלִיל עִמְּהוֹן, וְהָא אוּקְמוּהַ לֵיהּ מַלְכִים שְׁמָא לָא יוּכְלוּ לְדַבֵּר עַל פֶּה אֶחָד, רֶגַע וּבְבַת אַחַת, וְכָלַל בָּהּ כָּל הָעֲשָׂרָה, עַד כָּאן:

---

⁶³ שמות יט, טז
⁶⁴ שמות לב, טו
⁶⁵ מלאכי ב, ו

וּבְיוֹמָא תְּלִיתָאָה נְחִיתַת לְעַמּוּדָא דְּאֶמְצָעִיתָא עַל יְדֵי דְמֹשֶׁה, הֲדָא הוּא דִכְתִיב - וַיְהִי בַיּוֹם הַשְּׁלִישִׁי בִּהְיוֹת הַבֹּקֶר, בִּתְרֵי לוּחֵי אַבְנִין, נֶצַח וָהוֹד, הֲדָא הוּא דִכְתִיב - כְּתוּבִים מִשְּׁנֵי עֶבְרֵיהֶם, וְאִינוּן תְּרֵין נְבִיאֵי קְשׁוֹט, וּמִסִּטְרָא דְּעַמּוּדָא דְּאֶמְצָעִיתָא אִתְקְרִיאוּ נְבִיאֵי הָאֱמֶת, וּשְׁכִינְתָּא תּוֹרַת אֱמֶת, הֲדָא הוּא דִכְתִיב - תּוֹרַת אֱמֶת הָיְתָה בְּפִיהוּ, וְאִתְקְרִיאַת מַרְאֵה דִנְבוּאָה, וְרוּחַ הַקֹּדֶשׁ מִסִּטְרָא דְּתַרְוַיְיהוּ.

לְשׁוֹן^י הַזֹּהַר עִם תַּרְגּוּם - וּבַיּוֹם הַשְּׁלִישִׁי יָרְדָה לָעַמּוּד הָאֶמְצָעִי עַל יְדֵי מֹשֶׁה. זֶהוּ שֶׁכָּתוּב וַיְהִי בַּיּוֹם הַשְּׁלִישִׁי בִּהְיֹת הַבֹּקֶר. בִּשְׁנֵי לוּחוֹת אֲבָנִים - נֶצַח וְהוֹד. זֶהוּ שֶׁכָּתוּב, כְּתוּבִים מִשְּׁנֵי עֶבְרֵיהֶם, וְהֵם שְׁנֵי נְבִיאֵי אֱמֶת, וּמִצַּד שֶׁל עַמּוּד הָאֶמְצָעִי נִקְרְאוּ נְבִיאֵי הָאֱמֶת, וּשְׁכִינָה תּוֹרַת אֱמֶת. זֶהוּ שֶׁכָּתוּב תּוֹרַת אֱמֶת הָיְתָה בְּפִיהוּ, וְנִקְרֵאת מַרְאֵה נְבוּאָה, וְרוּחַ הַקֹּדֶשׁ מִצַּד שֶׁל שְׁנֵיהֶם.

וּבַיּוֹם הַשְּׁבִיעִי נָתְנָה, דָּא צַדִּיק יְסוֹד עוֹלָם, וּבְדַרְגָּא דִילֵיהּ מַלְכוּת מַלִּיל עִמְּהוֹן, וְהָא אוּקְמוּהוּ, לַעֲשַׂר מַלְכִין שְׁמָא לֹא יוּכְלוּ לְדַבֵּר עַל פֶּה אֶחָד, נֶגַע בְּבַת, וְכָלַל בָּהּ כָּל הָעֶשֶׂר.

וּבַיּוֹם הַשְּׁבִיעִי נָתְנָה, זֶה צַדִּיק יְסוֹד עוֹלָם, וּבְדַרְגָּה שֶׁלּוֹ, הַמַּלְכוּת, הוּא דִבֶּר עִמָּם, וַהֲרֵי פֵּרְשׁוּהוּ לַעֲשָׂרָה מְלָכִים שְׁמָא לֹא יוּכְלוּ לְדַבֵּר עַל פֶּה אֶחָד, וְנֶגַע בְּבַת וְכָלַל בָּהּ כָּל הָעֲשָׂרָה.

תן דעתך להבין זה המאמר הנכבד כי ממנו תוצאות חיים כוונת כל מה שכתבתי שמידת **מלכות** כח כללי מחובר מכולם. וזה אמרו - **כד אתנטילת** ולא אמר כד נטילת, כלומר שבאה רשומה וחתומה בשם כל אחת מהעליונות, בפרט ובכח כל מידה ומידה מהן, וכחה אינו אלא כהן, שאין לה כח מעצמה, כי היא תמונת כל הספירות העליונות והיא פה לכולן, ולפיכך נקראת פי הגבורה, והפה מוציא לפועל כל מה שבכח כל איברי הגוף, לפי שהוא שווה לכולם,

וכלול מכולם. ולולא שהפה סוד **המלכות** כלול מכולם, והוא כח מחובר מהעשר מלכים, איך יתחברו ויתאחדו כולם לדבר בפה אחד, ויכלול בו כל העשר:

והשם המכונה למידת **המלכות** הוא שם **אדני** ולא מצד עצמה, כי אין לה שום שם יורה עליה, אלא להעיד ולהגיד כי היא כח כללי מחובר מכולם. ולפיכך העלו לה שם זה המורה על אצילות מראש ועד סוף, כי ה-**א'** יורה על שם **אהי"ה**, וה-**י'** על שם הוי"ה. ו-ד"ן יורה על נ"ד [66] שמות מרובעים בצירוף הוי"ה, והם עולים לחשבון יר"ו אותיות, והם בדמיון נשמה ל-**רי"ו** אותיות שהם - ב-**ויסע** [67] **ויבא ויט**. ובתוך אלו ה-**נ"ד** שמות נכללים כל הדברים שבעולם, ומהם המשכת הכח בכל הנמצאים:

ולפי שמידה זו לה הממשלה על כל הנבראים, וממנה מתפרנסים ומושכים כח וקיום, והכל בכח ורשות זה השם המורה, על כל האצילות שהיא כלולה ומחוברת מכח כולם, לפיכך נקראת בשם זה המורה על כל זה:

---

[66] **פרדס רמונים כא, יא** - צריך אתה לדעת כי השם יתברך יש לו נ"ד שמות מרובעים בצרוף הוי"ה, והם עולים לחשבון רי"ו אותיות. ואלו הנ"ד שמות הם בסוד המשכת כח בכל הנמצאים אשר בעולם בהויות כל הוה. והם כדמיון נשמה אל רי"ו אותיות שהם **ויסע ויבא ויט**. ובתוך אלו הנ"ד נכללו כל הדברים אשר בעולם ואלו הן המספיקים צורך כל הנבראים על ידי האדנות, עד כאן לשונו. ומה שאמר שבשם ההוי"ה יש נ"ד שמות קבלנו צירופו כזה - יהו"ה יוה"ה יהה"ו יוו"ה יהו"י יהו"ה יוה"ה יוה"י יוו"ה. והי"ה ויה"ה והה"י היו"ו הוי"ו הו"י ויה"ה ויה"ו יהי"ו ויה"ו ידי"ו ההי"ו היו"ו והו"י ויה"י יהי"ו יהו"ו הוי"ו הוה"י היו"ו וה"יו ההי"ו היי"ו ויי"ה והי"י ויה"י היו"ה היו"י הוה"י הוי"ו ווי"ה הוי"י היו"י היי"ו ויו"ו יוו"י ייה"ו יהי"ה יהה"י ווה"ה יהה"י ווי"ה והה"ו והה"י ויי"י ויו"י ההי"י היי"ה היה"י ההו"י והה"ו הוו"ה. אלו הם נ"ד צרופים שבשם הוי"ה כפי אשר קבלנום מאנשי לבב.
[67] עיין לעיל על בחינת **ויסע ויבא ויט.**

וְדַע כִּי כְּמוֹ שֶׁהִיא נִקְרֵאת בִּשְׁמוֹת הָעֶלְיוֹנִים לָהּ לְפִי שֶׁהִיא כֹּחַ מְחוּבָּר וְכוֹלֵל מִכּוּלָן, כֵּן נִקְרֵאת בְּשֵׁם הַתַּחְתּוֹנִים וְהוּא קֶשֶׁר וְיִיחוּד עֶלְיוֹנִים וְתַחְתּוֹנִים וְלָזֶה נִקְרֵאת - **אֱמוּנָה**, לְפִי שֶׁבָּהּ תְּלוּיָה אֱמוּנָה, לְפִי שֶׁבָּהּ תְּלוּיָה אֱמוּנַת עֶלְיוֹנִים וְתַחְתּוֹנִים, וּבָהּ נוֹדָעִים וְעִילַת הָעִילוֹת בָּהּ נִגְלָה וְנוֹדָע, וּלְפִיכָךְ הִיא אֱמוּנַת יִשְׂרָאֵל, לִהְיוֹתָהּ כֹּחַ כְּלָלִי מְחוּבֶּרֶת מִכָּל הַסְּפִירוֹת שֶׁהָאֱמוּנָה כּוּלָּהּ תְּלוּיָה בָּהֶם. וּלְפִי שֶׁהִיא כְּלוּלָה מִכּוּלָן וְנוֹשֵׂאת אֶת שְׁמוֹתָם נִקְרֵאת **אֱמוּנָה**:

וּבְסֵפֶר[ט] הַתִּיקּוּנִין - אֲבָל[68] כַּד עִלַּת עַל כָּל עִלָּאִין בֵּינַיְהוּ לֵית תַּמָּן נְדוֹת וְלֹא רְחוֹק וְלֹא קִצּוּץ וְלֹא פֵּירוּד. וְאִיהוּ דְּקָשַׁר עֶשֶׂר סְפִירוֹת פְּנִימִיִּים וְעֶשֶׂר סְפִירוֹת חִיצוֹנִיִּים לְגַבַּיְהוּ. וּבְגִין דְּאִיהוּ מִלְּגָאו שָׁוֵי אֱמוּנָה דְּיִשְׂרָאֵל בְּהוֹן בְּהַהִיא דְּהִיא קְשׁוּרָא דְּכֻלְּהוּ פְּנִימִיִּים וְחִיצוֹנִיִּים דְּהִיא כְּלִילָא מֵעִילָּאִין וְתַתָּאִין עַד דְּלֵית סוֹף וְתַכְלִית, וּבְגִין דָּא קָרָא לָהּ אֱמוּנָה דְּיִשְׂרָאֵל דְּבָהּ אִשְׁתְּמוֹדְעוּ עִלָּאִין וְתַתָּאִין וְעִלַּת עַל כָּל עִלָּאִין וְתַתָּאִין, עַד כָּאן:

אֲבָל[69] כַּד עִלַּת עַל כָּל עִלָּאִין, בֵּינַיְהוּ לֵית תַּמָּן נְדוֹת וְלֹא רְחוֹק, וְלֹא קִצּוּץ, וְלֹא פֵּירוּד, וְאִיהוּ דְּקָשַׁר עֶשֶׂר סְפִירָן פְּנִימִיִּים וְעֶשֶׂר סְפִירָן חִיצוֹנִיִּים לְגַבַּיְהוּ. וּבְגִין דְּאִיהוּ מִלְּגָאו שָׁוֵי אֱמוּנָה דְּיִשְׂרָאֵל בְּהוֹן, בְּהַהִיא דְּהִיא קְשׁוּרָא בְּכֻלְּהוּ פְּנִימִיִּים וְחִיצוֹנִיִּים דְּאִיהִי כְּלִילָא מֵעִילָּאִין וְתַתָּאִין, עַד דְּלֵית סוֹף וְתַכְלִית. וּבְגִין דָּא קָרָא לָהּ אֱמוּנָה דְּיִשְׂרָאֵל דְּבָהּ אִשְׁתְּמוֹדְעוּ עִלָּאִין וְתַתָּאִין, וְעִלַּת עַל כָּל עִלָּאִין. וּמָאן דִּמְיַחֵד לָהּ בָּהּ, כְּאִלּוּ מְיַחֵד לָהּ וְאַמְלִיךְ לָהּ עַל כָּל עִלָּאִין וְתַתָּאִין. לִשׁוֹן[ט] הַזוֹהַר עִם תַּרְגּוּם - אֲבָל כְּשֶׁעָלַת עַל כָּל הָעֶלְיוֹנִים בֵּינֵיהֶם, אֵין שָׁם נְדוֹת וְלֹא רְחוֹק וְלֹא קִצּוּץ וְלֹא פֵּירוּד, וְהוּא שֶׁקּוֹשֵׁר עֶשֶׂר הַסְּפִירוֹת הַפְּנִימִיִּים וְעֶשֶׂר הַסְּפִירוֹת

---

[68] תיקוני זוהר חדש קג, ב

[69] תיקוני זוהר חדש קג, ב

הַחִיצוֹנִיִּים אֲלֵיהֶם. וּמִשּׁוּם שֶׁהוּא מִבִּפְנִים, שָׂם אֶת אֱמוּנַת
יִשְׂרָאֵל בָּהֶם, בְּאוֹתָהּ הַקְּשׁוּרָה בְּכֻלָּם, פְּנִימִיִּים וְחִיצוֹנִיִּים,
שֶׁהִיא כְּלוּלָה מֵעֶלְיוֹנִים וְתַחְתּוֹנִים עַד שֶׁאֵין סוֹף וְתַכְלִית.
וּמִשּׁוּם זֶה קָרָא לָהּ אֱמוּנַת יִשְׂרָאֵל, שֶׁבָּהּ נוֹדָעִים עֶלְיוֹנִים
וְתַחְתּוֹנִים, וְעָלַת עַל כָּל הָעֶלְיוֹנִים. וּמִי שֶׁמְּיַחֵד אוֹתוֹ עִמָּהּ,
כְּאִלּוּ מְיַחֵד אוֹתוֹ וּמַמְלִיךְ אוֹתוֹ עַל כָּל הָעֶלְיוֹנִים
וְהַתַּחְתּוֹנִים.

שמענה ואתה דע לך. ובמה שכתבתי בשלמה הכוונה בשאלה זו
ובה נשלמו כל העשרה שאלות ונסתם ונחתם זה החיבור הקטן
בכמות וגדול באיכות:

ואני - **מאיר בן גבאי** המחבר קראתיו - **דרך אמונה** על שם
האמונה הנזכרת, להיות חבור זה דרך ושער אל האמונה העליונה
השלימה, אשר חויב אל כל מאמין להאמין אשר בה תלוי השלמות
והצלחת הנפש ותכלית הבריאה:

וכעניין - סוף[70] דבר הכל נשמע את האלהים ירא ואת מצותיו שמור
כי זה כל האדם. ודרשו רז"ל - כל[71] העולם לא נברא אלא בשביל
זה:

והרוצה לזכות **באמונה** זו צריך לבקש ולתור בחכמה לדעת
ולהכיר את בראו, ואי אפשר לדעת אתו אם לא יהיה חכם בקי
ומקובל אמיתי בכל מה שיכללהו החבור הקטן הזה:

ואחר שיקיף בכל זה, ויחכם בו יתלהב לעבוד ולשמש את קונו, כי

---

70 קהלת יב, יג
71 ברכות ו, ב

החכמה תדריכהו ותלמדהו, לזה אחר שידע ויאמין כי הוא ברא התורה ונתנה לישראל:

ושהחכמה היא נשמת התורה ובלתה אין דרך להבינה. ושהוא הנותן חכמה מפיו דעת ותבונה אין לשכל האדם יכולת ולא כח בה כי היא למעלה ממנו ולא תושג בחקירה כלל. ועל כל זה הזהיר משיח אלהי דוד לשלמה בנו באמרו - ואתה[72] שלמה בני דע את אלהי אביך ועבדהו בלב שלם ובנפש חפצה כי כל לבבות דורש הוי"ה וכל יצר מחשבות מבין אם תדרשנו ימצא לך ואם תעזבנו יזניחך לעד.

משמע שאי אפשר לעבדו אם לא תקדם לו הידיעה בו, ואי אפשר לדעת אתו, אם לא מצד החכמה האמיתית, **היא חכמת הקבלה** כידוע לבעליה הזוכים לה, כי מי שאינו יודע ומכיר נותן התורה והמצווה לקיימה לא יראנו ולא יעשה מצותיו. והדרך לכל זה הוא דרך אמונה והוא החכם במה שיכללוהו ספר זה ובלתו אי אפשר, וכמו שיתבאר כל זה לנכנס ומתחכם בדבר זה ובזה תלוי השלמות ותכלית הבריאה:

והיא הכוונה בפסוק - סוף[73] דבר הכל נשמע את האלהים ירא ואת מצותיו שמור כי זה כל האדם. ופירושו סוף ותכלית כל דבר שבעבורו נברא הכל:

דע כי הקדוש ברוך הוא נקרא - **כל,** להיותו צורה ודפוס כל הנבראים ויחסו בהם בכללם כיחס מושכל המלאכה אשר בנפש האומן העשוי במלאכה ההיא, ולזה הוא דפוס הנמצאות בכללם

---

[72] דברי הימים-א כח ט
[73] קהלת יב, יג

וסדרם וישרם. ואמרו נשמע לומר שאי אפשר להשיג ולדעת זה הדפוס אם לא מפי השמועה לא מצד החקירה, ולזה אמר נשמע לשון קבלה:

אחר כך ביאר שזה הדפוס שבאה הקבלה בו, הוא הנקרא אלהים, ר"ל - **בעל הכוחות כולם**, שהוא כלל הכל ובו, היו כל הדברים בתכלית הפשיטות והאחדות:

ואמר שמידיעת וקבלת השם הזה והאמונה בו, יבא לייראה אתו, שזה כולל **מצות עשה** ולשמור מצותיו, שזה כולל **מצות לא תעשה**. ואמר ששני חלקי התורה אלו שבהם תשלום הרצון העליון, הם כל האדם. פירוש עליון ותחתון. ומבקשי הוי"ה יבינו כל. ובזה נשלמה הכוונה בזה הספר:

והייתה השלמתו יום שלישי, שלשה ועשרים יום לחדש אדר ראשון, שנת חמשת ומאתים ותשעים ותשעה לבריאת עולם:

ברוך הוי"ה לעולם אמן ואמן